# REFRAN
## INGLÉS-ESF

JULIO DIAZ BENEDICTO

M C I L

MEMBER OF THE CHARTERED INSTITUTE OF LINGUISTS

# INTRODUCCIÓN

Se ha dicho que en el pasado, los refranes eran la sabiduría del pueblo. Cuando la gran mayoría de la población no sabía leer ni escribir, probablemente, era así. Hoy, nos preguntamos, si desempeñan alguna función en nuestras vidas cotidianas, en la era del teléfono móvil, Internet y las transformaciones vertiginosas que en el presente sufre la sociedad. He compilado una serie de refranes ingleses, con su traducción al español, y dejar que el lector decida si todavía podemos hacerles un hueco en nuestras vidas, o *por el contrario* han dejado de tener utilidad alguna. Quizá, el refrán siguiente tenga la respuesta: Refrán antiguo, engaño moderno.

*Para mis primos*

# A

ABSENCE IS THE MOTHER OF DISILLUSIONS. La ausencia es madre de desengaños.

ABSENCE MAKES THE HEART GROW FONDER. La ausencia aviva el amor.

ABSENT ARE NEVER WITHOUT FAULT, NOR THE PRESENT WITHOUT EXCUSE. Ni ausente sin culpa, ni presente sin disculpa.

ABSENT SAINT GETS NO CANDLE, THE. El santo que no está presente, vela no se le enciende.

ABUNDANCE OF MONEY RUINS YOUTH, THE. De la abundancia, viene la vagancia.

ABUNDANCE OF THINGS ENGENDERS DISDAINFULNESS. La mucha abundancia da hastío y náusea.

ACCIDENTS WILL HAPPEN IN THE BEST REGULATED FAMILIES. En cada casa cuecen habas, y en la nuestra a calderadas.

ACTIONS SPEAK LOUDER THAN WORDS. Obras son amores, que no buenas razones. Donde hay obras, las palabras sobran. Más obrar que hablar. Cacarear y no poner huevos, cada día lo vemos.

ADAM´S ALE IS THE BEST BREW. No hay tal caldo como el zumo del guijarro. El agua cría la vista bien clara.

ADVERSITY MAKES STRANGE BEDFELLOWS. Cárceles y caminos hacen amigos. Desdichas y caminos hacen amigos.

ADVICE WHEN MOST NEEDED IS LEAST HEEDED. El buen consejo no merece menosprecio. Quien desprecia el buen consejo, arrepentirse ha de ello.

AFTER DEATH THE DOCTOR. Muerto el burro, la cebada al rabo.

AFTER DINNER SIT AWHILE, AFTER SUPPER WALK A MILE. Después de comer, dormir, y de cenar, pasos mil.

AFTER JOY COMES SORROW. El día de placer, víspera de pesar.

AFTER A LANK COMES A BANK. Cada martes tiene su domingo.

AFTER THE MEAT, MUSTARD. Después de muerto el burro, la cebada al rabo. A buenas horas, mangas verdes.

AFTER A RAINY WINTER A PLENTIFULL SUMMER. Cuando no llueve en febrero, no hay buen prado ni buen centeno.

AFTER A STORM COMES A CALM. Después de la tempestad viene la calma.

AFTER A THRIFTY FATHER A PRODIGAL SON. A padre guardador, hijo gastador.

AFTER A TYPHOON THERE ARE PEARS TO GATHER UP. A río revuelto, ganancia de pescadores.

AFTER BLACK CLOUDS, CLEAR WEATHER. La furiosa borrasca pronto pasa.

AFTER DEATH, THE DOCTOR. El llanto, sobre el difunto. Después de muerto, le daban friegas.

AFTER YOUR FLING, WATCH FOR THE STING. Iráse lo amado y quedará lo colorado.

ALE WILL MAKE A CAT SPEAK. Después de beber, cada uno dice su parecer.

ALL ARE NOT FRIENDS THAT SPEAK US FAIR. A persona lisonjera ni oírla siquiera.

ALL ARE NOT MAIDENS THAT WEAR BARE HAIR. Doncella, y dícelo ella.

ALL ARE NOT SAINTS THAT GO TO CHURCH. De altar en altar y de cruz en cruz, vase el hipócrita a Belzebú.

ALL ARE NOT THIEVES THAT DOGS BARK AT. Antes que a uno trates, ni le vituperes ni le alabes.

ALL CATS ARE GREY IN THE DARK. De noche todos los gatos son pardos.

ALL CATS LOVE FISH BUT FEAR TO WET THEIR PAWS. El que quiera peces que se moje el culo.

ALL CLOUDS BRING NOT RAIN. Parecer y no ser, a menudo suele ser.

ALL COVET, ALL LOSE. La avaricia rompe el saco.

ALL FEET TREAD NOT IN ONE SHOE. No cabe todo en todos.

ALL GRIEFS WITH BREAD ARE LESS. Los duelos con pan, son menos. Las penas, con pan son menos.

ALL IS FAIR IN LOVE AND WAR. En la guerra y el amor todo vale. En tiempos de guerra, mil mentiras por mar y tierra.

ALL IS FISH THAT COMES TO THE NET. Salga pez o salga rana, a la capacha.

ALL IS LOST THAT IS PUT INTO A RIVEN DISH. Villano servido, villano desaparecido.

ALL IS NOT GOLD THAT GLITTERS. No es oro todo lo que reluce.

ALL'S WELL THAT ENDS WELL. Bien está lo que bien acaba.

ALL LAY LOADS ON A WILLING HORSE. La oveja mansa, cada cordero la mama.

ALL MEAT PLEASES NOT ALL MOUTHS. No todo gusta a todos.

ALL MEATS TO BE EATEN, AND ALL MAIDS TO BE WED. Lo que unos desprecian, otros lo aprecian.

ALL MEN ARE MORTAL. Contra la muerte no hay ley, mate al papa o mate al rey.

ALL MEN MUST DIE. La muerte a nadie perdona.

ALL OUR POMP THE EARTH COVERS. Hoy figura, mañana sepultura.

ALL ROADS LEAD TO ROME. Por todas partes se va a Roma.

ALL THAT GLITERS IS NOT GOLD. No es oro todo lo que reluce, ni harina lo que blanquea. No es todo el monte orégano.

ALL THAT IS SHARP IS SHORT. No hay mal que cien años dure.

ALL THE WEAPONS OF WAR WILL NOT ARM FEAR. Cargado de hierro, cagado de miedo.

ALL THINGS ARE DIFFICULT BEFORE THEY ARE EASY. La práctica hace al maestro.

ALL THINGS ARE OBEDIENT TO MONEY. No hay hierro mohoso que no pueda dorarse.

ALL THINGS FIT NOT ALL PERSONS. No cabe todo en todos.

ALL THINGS REQUIRE SKILL BUT AN APPETITE. Todo quiere maña, menos comer, que pide gana.

ALL THINGS ARE GOOD UNTRIED. Quien no sabe que es guerra, vaya a ella.

ALL THINGS HAVE A BEGINNING. Principio quieren las cosas.

ALL TRUTH ARE NOT TO BE TOLD. Toda verdad no es para dicha.

ALL WORK AND NO PLAY MAKES JACK A DULL BOY. Entre negocio y negocio, mete algún ocio. Entre col y col, lechuga.

ALTHOUGH IT RAIN, THROW NOT AWAY YOUR WATERING POT. Más vale un " por si acaso" que un "pensé que".

ALTHOUGH THE SUNSHINE, LEAVE NOT YOUR CLOAK AT HOME. No hay que dejar en casa, ni el botijo por frío, ni la manta por calor.

ALWAYS LOOK ON THE BRIGHT SIDE. No hay mal que por bien no venga.

AMBITION KNOWS NO BOUNDS. Quien más tiene, más quiere. Por ser conocida, la iglesia quemaría.

AMBITION LOSES MANY A MAN. Quiso pegar el salto, y cayó en el charco.

AMONG FRIENDS ALL THINGS ARE COMMON. Entre amigos verdaderos, no se miran los dineros.

AN ILL BEGINNING, AN ILL ENDING. A mal empezar, peor acabar. De principio ruin, nunca buen fin.

AN ILL LIFE, AN ILL END. Pocos suelen bien morir que tuvieron mal vivir.

AN ILL WOUND IS CURED, NOT AN ILL NAME. Mal cierra la herida que hace la lengua.

ANT HAD WINGS TO HER HURT, THE. Da Dios alas a la hormiga, para que se pierda de prisa.

ANY PORT IN A STORM. A un clavo ardiendo se agarra el que se está hundiendo.

APE´S AN APE, A VARLET´S A VARLET, THOUGH THEY BE CLAD IN SILK OR SCARLET, AN. Aunque la mona se vista de seda, mona se queda. Freno dorado no mejora el caballo.

APPAREL MAKES THE MAN. El rico traje hace al personaje.

APPEARANCES ARE DECEPTIVE. Las apariencias engañan.

APPETITE COMES WITH EATING. Comiendo entra la gana.

APPETITE GROWS WITH EATING. El comer y el rascar, todo es empezar.

APPLE A DAY KEEPS THE DOCTOR AWAY, AN. Una manzana cada día, de médico te ahorraría. Old folks always used to say that an apple a day keeps the doctor away. Los viejos siempre solían decir que, una manzana cada día, de médico te ahorraría.

APPLE NEVER FALLS FAR FROM THE TREE, THE. De tal palo, tal astilla.

APPLES ON THE OTHER SIDE OF THE WALL ARE THE SWEETEST, THE. El vino del vecino, ése si que es buen vino.

APRIL SHOWERS BRING FORTH MAY FLOWERS. Marzo ventoso y abril lluvioso sacan a mayo florido y hermoso.

ARMY MARCHES ON ITS STOMACH, AN. Del aire se mantienen los camaleones, pero no los hombres. Un Ejército marcha sobre su estómago. Según Napoleón.

ARROW SHOT UPRIGHT FALLS ON THE SHOOTER´S HEAD, AN. El que al cielo escupe, en la cara le cae.

ART IS LONG, LIFE IS SHORT. Ars longa, vita brevis. La vida es breve, el arte largo. Aforismo de Hipócrates.

AS A WOLF IS LIKE A DOG, SO IS A FLATTERER LIKE A FRIEND. Muchos besan manos que quisieran ver cortadas.

AS GOOD HORSES DRAW IN CARTS, AS COACHES. El buen calamar en todos los mares sabe nadar.

AS A MAN IS, SO IS HIS COMPANY. Dime con quien andas y te diré quien eres.

AS SOON AS MAN IS BORN HE BEGINS TO DIE. Cuando empezaste a vivir, empezaste a morir.

AS SOON GOES THE YOUNG SHEEP TO THE POT AS THE OLD. Tan presto va el cordero como el carnero.

AS SOON GOES THE YOUNG LAMB´S SKIN TO THE MARKET AS THE OLD EWE´S. De becerros y vacas van pieles a las plazas.

AS THE OLD COCK CROWS, SO CROWS THE YOUNG. La cabra va por la viña, como hace la madre hace la hija. De casta le viene al galgo el ser rabilargo.

AS THE OLD DOG BARKS, SO THE YOUNG. De tal palo, tal astilla. De casta le viene al galgo el ser rabilargo.

AS THE TREE FALLS, SO SHALL IT LIE. Como cae el árbol, allí quedará.

AS THE TWIG IS BENT, SO IS THE TREE. Desde chiquito se ha de criar el árbol derechito.

AS WELL BE HANGED FOR A SHEEP AS A LAMB. De perdidos al río.

AS YOU BAKE YOU SHALL EAT. Quien mala cama hace, en ella se yace.

AS YOU SOW, SO SHALL YOU REAP. Como sembrares, cogerás. Tal siembra, tal siega.

AS YOU MAKE YOUR BED, SO YOU MUST LIE IN IT. Cada uno es responsable de sus actos. Cuerpo triste, por donde entraste saliste - como haces la cama así te acuestas. Como haces la cama así la encuentras.

ASK A SILLY QUESTION AND YOU WILL GET A SILLY ANSWER. A pregunta necia, disimulada respuesta.

ASK BUT ENOUGH, AND YOU MAY LOWER THE PRICE AS YOU LIST. Pedir sobrado por salir con lo mediado.

ASK MUCH TO HAVE A LITTLE. Pedir sobrado para salir con lo mediado.

ASK NO QUESTIONS AND HEAR NO LIES. Al que quiere saber, mentiras a él.

ASK AND SHALL BE GIVEN YOU. Pedid, y se os dará.

ASS THAT BRAYS MOST EATS LEAST, THE. Oveja que bala pierde bocado.

ASS ENDURES HIS BURDEN, BUT NOT MORE THAN HIS BURDEN, AN. Sufre el asno la carga, mas no la sobrecarga.

ASS LADEN WITH GOLD CLIMBS TO THE TOP OF THE CASTLE, AN. Asno con oro, alcánzalo todo. Un asno cargado de oro sube ligero a una montaña.

ASS LOADED WITH GOLD STILL EATS THISTLES, THE. No se hizo la miel para la boca del asno.

ASS MUST BE TIED WHERE THE MASTER WILL HAVE HIM, AN. Donde manda el amo se ata la burra. Ata la burra donde el amo manda; aunque se ahorque.

Donde hay patrón no manda marinero.

AT A ROUND TABLE, THERE IS NO DISPUTE OF PLACE. En mesa redonda no hay cabecera.

AT EVERY HOUR DEATH IS NEAR. Cada hora que pasa, nos hiere, y la última nos mata.

AT LENGTH THE FOX IS BROUGHT TO THE FURRIER. Mucho sabe la zorra, pero más quien la toma.

AT OPEN DOORS DOGS COME IN. El que quita la ocasión quita el peligro.

AT THE END OF THE GAME THE KING AND PAWN GO INTO THE SAME BAG. La muerte es juez tan severo que a todos los mide por un rasero.

ATTACK IS THE BEST FORM OF DEFENCE. Quien da primero, da dos veces.

AWAY GOES THE DEVIL WHEN HE FINDS THE DOOR SHUT AGAINST HIM. A puerta cerrada, el Diablo se vuelve

# B

BACK DOOR ROBS THE HOUSE, THE. Casa con dos puertas, mal es de guardar.

BAD CUSTOM IS LIKE A GOOD CAKE, BETTER BROKEN THAN KEPT. A la mala costumbre, quebrarle la pierna.

BAD PENNY ALWAYS TURNS UP, A. Encontrarse a alguien hasta en la sopa.

BAD EXCUSE IS BETTER THAN NONE AT ALL, A. Triste es la boca que no sabe excusa.

BAD JACK MAY HAVE AS BAD A JILL, A. No hay olla tan fea que no tenga su cobertera.

BAD NEWS TRAVELS FAST. La mala nueva, presto llega.

BAD SHEARER NEVER HAD A GOOD SICKLE, A. La mala hilandera, la rueca le hace dentera.

BAD THING NEVER DIES, A. Hierba mala, nunca muere.

BAD WORKMAN ALWAYS BLAMES HIS TOOLS, A. La mala hilandera, la rueca le hace dentera.

BAIT HIDES THE HOOK, THE. Donde está el grano, está el lazo.

BALANCE DISTINGUISHES NOT BETWEEN GOLD AND LEAD, THE. La balanza no distingue el oro del plomo.

BARBER LEARNS TO SHAVE BY SHAVING FOOLS, A. En la barba del necio aprenden todos a rapar. En la cabeza del majadero, aprende a cortar el pelo el peluquero.

BARKING DOGS SELDOM BITE. Perro ladrador poco mordedor.

BE CLEVER AND BE DAMNED. Dátelas de listo y verás lo que te pasa.

BE WHAT YOU WOULD SEEM TO BE. Bueno ser bueno, pero es mejor serlo y parecerlo.

BEAN IN LIBERTY IS BETTER THAN A COMFIT IN PRISON, A. Más vale comer grama y abrojo, que traer capirote en el ojo.

BEARD WELL LATHERED IS HALF SHAVED, A. Barba bien bañada, medio rapada.

BEATEN ROAD IS THE SAFEST, THE. Nunca dejes el camino llano por el atajo. No hay atajo sin trabajo.

BEAUTY DRAWS MORE THAN OXEN. Más tiran nalgas en lecho que bueyes en barbecho.

BEAUTY FADES LIKE A FLOWER. La flor de la belleza es poco duradera.

BEAUTY AND FOLLY GO OFTEN IN COMPANY. La belleza y la tontería, van siempre en compañía.

BEAUTY IS BUT A BLOSSOM. Rosa es la hermosura, y poco dura.

BEAUTY IS IN THE EYE OF THE BEHOLDER. Todo es según el color del cristal con que se mira.

BEAUTY IS ONLY SKIN DEEP. Bellezas hay muy estimadas, que por dentro no valen nada.

BEAUTY OPENS LOCKED DOORS. Más puede la hermosura que billetes y escrituras. Más fuerte es la hermosura que la piedra más dura.

BEAUTY WON'T MAKE THE POT BOIL. De la hermosura no se unta ni se come. Con hermosura sola no se pone la olla.

BEES THAT HAVE HONEY IN THEIR MOUTHS HAVE STINGS IN THEIR TAILS. No hay anverso sin reverso. La carita, de buen año; y el culito de mucho daño.

BEFORE GOD AND THE BUS - CONDUCTOR WE ARE ALL EQUAL. Ante Dios, todos somos iguales.

BEFORE YOU MAKE A FRIEND EAT A BUSHEL OF SALT WITH HIM. No hay probada amistad sin haber comido con ella una fanega de sal.

BEFORE YOU MARRY, BE SURE OF A HOUSE WHEREIN TO TARRY. El casado casa quiere.

BEGGARS CAN NOT BE CHOOSERS. A quien dan, no escoge. El que pide no puede exigir lo que solicita. El que se convida, fácil es de hartar.

BELIEVE NOTHING OF WHAT YOU HEAR, AND ONLY HALF OF WHAT YOU SEE. De lo que veas, ni la mitad creas.

BELLS CALL OTHERS, BUT THEMSELVES ENTER NOT INTO THE CHURCH. La campana no va a misa, pero avisa.

BELLY CARRIES THE LEGS, THE. Tripas llenas llevan piernas.

BELLY HAS NO EARS, THE. El hambre no atiende a razones.

BELLY WANTS EARS, THE. El estómago hambriento no quiere argumento.

BENEFITS BIND. Beneficios son cadenas de obligación.

BEST ADVICE IS FOUND ON THE PILLOW, THE. Antes de hacer nada, consúltalo con la almohada.

BEST CART MAY OVERTHROW, THE. Al mejor cazador se le va la liebre. Al mejor nadador se lo lleva la corriente.

BEST CLOTH MAY HAVE A MOTH IN IT, THE. El mejor escribano echa un borrón.

BEST FISH SWIM NEAR THE BOTTOM, THE. A quien le quiere celeste, que le cueste. Quien quiera peces, que se moje el culo.

BEST IS OFTEN THE ENEMY OF THE GOOD, THE. Lo mejor es enemigo de lo bueno.

BEST THINGS COME IN SMALL PACKAGES, THE. La esencia fina se vende en frasco pequeño. Y el veneno también.

BETTER BE ALONE THAN IN BAD COMPANY. Más vale estar solo que mal acompañado.

BETTER BUY THAN BORROW. Mejor es comprar la alhaja que pedirla prestada.

BETTER CUT THE SHOE THAN PINCH THE FOOT. El perder, a veces ganar es.

BETTER THE DEVIL YOU KNOW THAN THE DEVIL YOU DON'T KNOW. Más vale lo malo conocido que lo bueno por conocer. Generalmente, dicho refrán se abrevia por, the devil you know.

BETTER A DINNER OF HERBS WHERE LOVE IS THAN A STALLED OX WHERE HATE IS. Más vale pan con amor que chuletas con dolor. Más vale pan con amor que gallina con dolor.

BETTER TO ASK THE WAY THAN GO ASTRAY. Preguntando se va a Roma.

BETTER AN EGG IN PEACE THAN AN OX IN WAR. Más valen cardos en paz que pollos con agraz.

BETTER FLATTER THE DEVIL THAN FIGHT HIM. Más se consigue lamiendo que mordiendo.

BETTER BE A FOOL THAN A KNAVE. Más vale ser necio que porfiado.

BETTER THE FOOTSLIP THAN THE TONGUE. Resbalón de pie, si me caí, me levanté; pero resbalón de lengua, mal se remedia.

BETTER TO GO ABOUT THAN TO FALLL INTO THE DITCH. Más vale rodear que rodar. Más vale rodear que mal andar.

BETTER AN OPEN ENEMY THAN A FALSE FRIEND. Enemigo franco y honrado, más conviene que amigo solapado.

BETTER A FLY IN THE POT THAN NOTHING. Más vale ensalada, que nada.

BETTER A FOOL THAN A KNAVE. Más vale loco que necio.

BETTER BE AN OLD MAN´S DARLING THAN A YOUNG MAN'S SLAVE. Antes barba blanca para tu hija que muchacho de crencha partida.

BETTER BEG THAN STEAL. Más vale pedir que hurtar. Más vale pedir y mendigar que en la horca pernear.

BETTER BELLY BURST THAN GOOD MEAT LOST. El mandamiento del pobre, primero reventar que sobre.

BETTER BEND THAN BREAK. Mejor es doblar que quebrar.

BETTER GO TO BED SUPPERLESS THAN TO RISE IN DEBT. Acuéstate sin cena, amanecerás sin deuda.

BETTER CHILDREN WEEP THAN OLD MEN. Los niños, de pequeños; que no hay castigo después para ellos. Mejor es castigar que después suspirar. El árbol se endereza de pequeño.

BETTER AN EGG TODAY THAN A HEN TOMORROW. Más vale pájaro en mano que ciento volando.

BETTER LATE THAN EVER. Más vale tarde que nunca.

BETTER LEARNT BY YOUR NEIGHBOUR'S HARM THAN BY YOUR OWN. A mal paso, pasar postrero.

BETTER LOSE A JEST THAN A FRIEND. Por un mal chiste un buen amigo perdiste.

BETTER A MOUSE IN THE POT THAN NO FLESH AT ALL. Más vale ensalada, que nada.

BETTER RIDE ON AN ASS THAT CARRIES ME THAN A HORSE THAT THROWS ME. Más quiero asno que me lleve, que caballo que me derrueque.

BETTER A SMALL FISH THAN AN EMPTY DISH. Algo es algo; menos es nada. Buenos son barbos, cuando no hay truchas.

BETTER SOME OF THE A PUDDING THAN NONE OF A PIE. A falta de gallina, bueno es el caldo de habas.

BETTER A SPARROW IN THE HAND THAN A PIGEON ON THE ROOF. Más vale pájaro en mano que ciento volando.

BETTER THE HEAD OF A DOG THAN THE TAIL OF A LION. Más vale ser cabeza de ratón que cola de león.

BETTER TO HAVE AN EYE THAN BE BLIND ALTOGETHER. Más vale tuerto que ciego.

BETTER TO HAVE THAN WISH. Más vale tener que desear.

BETTER TO PAY AND HAVE LITTLE THAN HAVE MUCH AND BE IN DEBT. Con tal que no debas, no tengas.

BETWEEN TWO STOOLS ONE FALLS TO THE GROUND. Quien corre tras dos liebres ninguna prende.

BEWARE OF ONE WHO FLATTERS UNDULY, HE WILL ALSO CENSURE UNJUSTLY. El que hoy te compra con su adulación, mañana te venderá con su traición.

BEWARE OF THE SILENT MAN AND STILL WATER. Del perro que no ladra y del hombre que no habla, de esos guárdate. Del agua mansa me libre Dios que de la brava me libro yo.

BIG FISH EATS LITTLE FISH. El pez grande se come al pequeño.

BIGGER THEY ARE, THE HARDER THEY FALL, THE. De muy alto, grandes caídas se dan.

BINDE THE SACK BEFORE IT BE FULL. Siempre quiebra la soga por lo más delgado.

BIRD IN THE HAND IS WORTH TWO IN THE BUSH, A. Más vale pájaro en mano que ciento volando.

BIRD IS KNOWN BY HIS NOTE, THE MAN BY HIS WORDS, THE. Por el canto se conoce al pájaro y al hombre por el verbo.

BIRD LOVES HER NEST, THE. A todo pajarillo agrada su nidillo

BIRDS OF A FEATHER FLOCK TOGETHER. Dios los cría y ellos se juntan, ser tal para cual, ser lobos de una misma camada. They were back in business and although they had come to blows, James and Sam were birds of a feather. Habían vuelto a los negocios, y, a pesar de haberse peleado, James y Sam, eran tal para cual.

BIRDS ONCE SNARED FEAR ALL BUSHES. Al espantado, la sombre le espanta. De los escarmentados nacen los arteros.

BIRDS IN THEIR LITTLE NESTS AGREE. Dos que duermen en un colchón se vuelven de la misma opinión.

BITER IS SOMETIMES BIT, THE. El cazador cazado. A las veces, do cazar pensamos, cazados quedamos.

BLACK HEN LAYS A WHITE EGG, A. De ovejas blancas nacen corderos negros.

BLACK SHEEP OFTEN HAS A WHITE LAMB. De ovejas negras nacen corderos blancos.

BLEATING SHEEP LOSES HER BIT, THE. Oveja que bala, bocado pierde.

BLIND MAN CANNOT JUDGE COLOURS, A. Mal juzga el ciego de colores.

BLOOD IS THICKER THAN WATER. La sangre tira. They say that blood is thicker than water, so how come so many old people live in their own. Dicen que la sangre tira, entonces como es que tantos ancianos viven solos.

BLUE ARE THE FARAWAY HILLS. A veces una cosa ves, y otra es.

BOIL NOT THE PAP BEFORE THE CHILD IS BORN. No me digas oliva hasta que no me veas cogida.

BOLD HEART IS HALF THE BATTLE, A. A los audaces la fortuna les ayuda.

BOOK THAT IS SHUT, IS BUT A BLOCK, A. Ni el libro cerrado da sabiduría, ni el título por sí solo da maestría.

BOISTEROUS HORSE MUST HAVE A ROUGH BRIDLE, A. A caballo corredor, cabestro corto.

BORROWED GARMENTS NEVER FIT WELL. Quien con la ropa de otro se viste, en la calle le desnudan.

BRAG IS A GOOD DOG BUT DARES NOT BITE. Cacarear y no poner huevos todos los días lo vemos.

BRAG MOST WHO CAN DO LEAST, THEY. El que mucho habla, poco hace. Siempre habla un cojo cuando hay que correr.

BRAIN IS BETTER THAN BRAWN. Más vale maña que fuerza.

BRAVE ARM MAKES A SHORT SWORD LONG, A. Al hombre valiente, espada corta; que él se mete.

BRING A COW TO THE HALL AND SHE'LL RUN TO THE BYRE. Pajarilla que en el erial se cría, por el siempre pía. La cabra siempre tira al monte.

BROKEN FRIENDSHIP MAY BE SOLDERED, BUT WILL NEVER BE SOUND, A. Amistad quebrada, soldada, más nunca sana.

BUILDING IS A THIEF. Cuanto más crece la obra, más mengua la bolsa.

BURN NOT YOUR HOUSE TO FRIGHT THE MOUSE AWAY. Pescar con mazo no es renta cierta.

BURNT CHILD DREADS THE FIRE, A. Al espantado, la sombra le espanta. Gato escaldado, del agua fría huye.

BURDEN OF ONE'S OWN CHOICE IS NOT FELT, A. Sarna con gusto no pica.

BUSINESS BEFORE PLEASURE. Antes es la obligación que la devoción.

BUY CHEAP, BUY TWICE. Lo barato resulta caro. La calidad siempre resulta rentable.

BY DOING NOTHING WE LEARN TO DO ILL. Del ocio nace el feo negocio.

BY ONE AND ONE THE SPINDLES ARE MADE. Poco a poco hila la vieja el copo.

BY SUPPERS, MORE HAVE BEEN KILLED THAN GALEN EVER CURED. Más mató la cena, que sanó Avicena.

# C

CAESAR´S WIFE MUST BE ABOVE SUSPICION. A la mujer del César no le basta ser honrada, sino que además tiene que aparentarlo.

CALAMITY IS THE TOUCHSTONE OF A BRAVE MIND. Gallo que es bueno, lo mismo canta en su corral que en el ajeno. A quien no teme nada le espanta.

CALF LOVE, HALF LOVE; OLD LOVE, COLD LOVE. Amor de niña, agua en cestilla.

CALL A SPADE A SPADE. Al pan, pan, y al vino, vino.

CALL NO MAN HAPPY TILL HE IS DEAD. La felicidad sólo se encuentra en los cementerios.

CARRION CROWS BEWAIL THE DEAD SHEEP, AND THEN THEY EAT THEM. Llora a la oveja el cuervo, y se la come luego.

CAST NE'ER A CLOUT TILL MAY IS OUT. Hasta el cuarenta de mayo no te quites el sayo.

CAST NOT A CLOUT TILL MAY BE OUT. Hasta el cuarenta de mayo no te quites el sayo.

CAST THE FIRST STONE, TO. Tirar la primera piedra, ser el primero en dar la cara.

CAST PEARLS BEFORE SWINE, TO. Echar margaritas a los cerdos.

CAT AND DOG MAY KISS, YET ARE NONE THE BETTER FRIENDS, THE. Mano besa hombre que la querría ver cortada.

CAT HAS NINE LIVES, A. Los gatos tienen siete vidas.

CAT IN GLOVES CATCHES NO MICE, A. Gato con guantes no caza ratones.

CAT LOVES FISH BUT SHE IS LOATH TO WET HER FEET, THE. No se toman truchas a bragas enjutas.

CAT PURRS FOR HIS OWN GOOD, THE. Arrimar el ascua a su sardina. Cada uno quiere llevar el agua a su molino y dejar en seco el de su vecino.

CAT SHUTS ITS EYES WHILE IT STEALS CREAM, THE. Gil García, negocia por la noche y encúbrese de día.

CAT WOULD EAT FISH AND WOULD NOT WET HER FEET, THE. No se toman truchas a bragas enjutas. El que quiera peces, que se moje el culo.

CATCH YOUR BEAR BEFORE YOUR SELL ITS SKIN. No vendas la piel del oso sin haberlo muerto.

CATS HIDE THEIR CLAWS. Debajo de la mata florida está la culebra escondida.

CHAIN IS NO STRONGER THAN ITS WEAKEST LINK, A. Donde la fuerza no puede, llega la maña y vence.

CHANCES IN AN HOUR, THAT HAPPENS NOT IN SEVEN YEARS, IT. En un dos por tres se vuelve el mundo al revés.

CHANGE OF PASTURES MAKES FAT CALVES. Quien se muda, halla ventura.

CHANGING OF WORKS IS LIGHTING OF HEARTS. Mundar de trabajo, ya es algún descanso.

CHARGES OF BUILDING, AND MAKING OF GARDENS ARE UNKNOWN, THE. Meter en tu casa albañiles, sólo si te sobran miles.

CHARITY BEGINS AT HOME. La caridad bien entendida empieza por uno mismo.

CHILD SAYS NOTHING, BUT WHAT IT HEARD BY THE FIRE, THE. Dicen los niños en el portal lo que oyen a sus padres en el hogar.

CHILDREN AND CHICKENS MUST BE ALWAYS PICKING. Niños y pollos, siempre comiendo, y siempre hambrientos.

CHILDREN, DRUNKARDS AND FOOLS CANNOT LIE. Las verdades suelen decirlas los niños, los tontos y los borrachos.

CHILDREN AND FOOLS MUST NOT PLAY WITH EDGED TOOLS. Al niño, quítale de la mano el cuchillo.

CHILDREN SHOULD BE SEEN AND NOT HEARD. Los niños deben hablar cuando meen las gallinas. Los niños en presencia de los mayores: ver, oír y callar.

CHURCH IS AN ANVIL WHICH HAS WORN OUT MANY HAMMERS, THE. La iglesia es un yunque que ha gastado todos los martillos.

CIRCUMSTANCES ALTER CASES. Dios da nueces a quien no tiene dientes.

CLAW ME, AND I WILL CLAW THEE. Hazme la barba, hacerte he el copete. Favor con favor se paga.

CLEAR CONSCIENCE FEARS NOT FALSE ACCUSATIONS, A. Ten segura la conciencia, y llame el juez a la puerta.

CLEAR CONSCIENCE IS LIKE A COAT OF MAIL, A. Sueño sosegado no teme nublado.

CLERGYMEN´S SONS ALWAYS TURN OUT BADLY. De padre santo, hijo diablo.

CLIENT TWIXT HIS ATTORNEY AND HIS COUNSELLOR IS LIKE A GOOSE TWIXT TWO FOXES, A. Ansí está el labrador entre dos abogados, como el pez entre dos gatos.

CLOSE MOUTH CATCHES NO FLIES, A. En boca cerrada no entran moscas.

CLOTHE THEE IN WAR: ARM THEE IN PEACE. Vístete en guerra y ármate en paz.

CLOTHES DO NOT MAKE THE MAN. El hábito no hace al monje. Aunque vestido de lana, no soy borrego.

CLOUDY MORNINGS TURN TO CLEAR AFTERNOONS. Llovida de mañana, no quita jornada.

COBBLER SHOULD STICK TO HIS LAST, A. ¡Zapatero a tus zapatos!

COBBLERS SON GOES WITHOUT SHOES, THE. En casa del herrero, cuchillo de palo.

COLD APRIL THE BARN WILL FILL, A. Abril frío, hincha el silo; mojado, silo y campo.

COLD MAY A WINDY MAKES A FULL BARN AND SUBSTANTIAL. Mayo fresquito, bien gana el trigo.

COLD HANDS, WARM HEART. Manos frías, corazón caliente.

COME WITH THE WIND, GONE WITH THE WATER. Lo que es del agua, el agua se lo lleva.

COMMON PROVERB SELDOM LIES. En cada refrán tienes una verdad.

COMPARISONS ARE ODIOUS. Toda comparación es odiosa.

CONQUERS WHO ENDURES. El que resiste gana.

CONSCIENCE IS A CUT - THROAT. La propia conciencia acusa.

CONSCIENCE IS A THOUSAND WITNESSES. La buena conciencia vale por mil testigos.

CONSTANT DRIPPING WEARS AWAY THE STONE. Dando dando, la gotera va horadando. Gota a gota horada la roca. Poco a poco hila la vieja el copo. La gotera cava la piedra.

CONSTANT GUEST IS NEVER WELCOME, A. A donde te quieran mucho, no entres a menudo. A casa de tu tía, mas no cada día. A casa de tu hermano no irás cada tarde. Al amigo y al caballo, no cansallo.

CORD BREAKS AT LAST BY THE WEAKEST PULL, THE. Siempre quiebra la cuerda por lo más delgado.

COUNSEL IS TO BE GIVEN BY THE WISE, THE REMEDY BY THE RICH. Acude al sabio para el consejo y al rico para el remedio.

COUNT NOT FOUR, EXCEPT YOU HAVE THEM IN A WALLET. Hasta verlo en la era, llámale hierba.

CORRUPTION OF THE BEST BECOMES THE WORST. De la corrupción de lo mejor sale lo peor.

COURT THE MOTHER IN ORDER TO MARRY THE DAUGHTER, TO. Por la peana se adora al santo.

COURTESY COST NOTHING. Cortesía de boca, mucho vale y poco cuesta.

COVETOUS MAN IS GOOD TO NONE AND WORST TO HIMSELF, THE. El avariento, para sí es malo y para nadie es bueno.

COVETOUS MEN HAVE DRUDGES, TO DIE WRETCHES. Se murió de hambre un avariento, y tenía atestados sus graneros.

COVETOUS MEN´S CHESTS ARE RICH, NOT THEY. No hay bicho tan raro como el hombre avaro; para más guardar y tener, se muere por no comer.

COVETOUS SPENDS MORE THAN THE LIBERAL, THE. Piensa el avariento que gasta uno, y gasta ciento.

COVETOUSNESS BREAKS THE SACK. La avaricia rompe el saco.

COVETOUSNESS BRINGS NOTHING HOME. Hombre avariento, por uno pierde ciento.

COVETOUSNESS IS ALWAYS FILLING A BOTTOMLESS VESSEL. La avaricia es mar sin fondo y sin orillas.

COVETOUSNESS IS THE ROOT OF ALL EVIL. La causa de todos los males es la avaricia.

COWL DOES NOT MAKE THE MONK, THE. El hábito no hace al monje.

CRAFTY KNAVE NEEDS NO BROKER, A. La astuta raposa, borra sus pisadas con la cola.

CRAFTY MAN, A CRAFTY AND A HALF, TO A. A pillo, pillo y medio. A ruin, ruin y medio.

CREAKING GATE HANGS LONG, A. Mujer enferma, mujer eterna. Hombre enfermo, hombre eterno.

CREDITORS HAVE BETTER MEMORIES THAN DEBTORS. El acreedor es más memorioso que el deudor.

CRIME DOES NOT PAY. El delincuente nunca gana.

CROOKED LOGS MAKE STRAIGHT FIRES. Muchas veces no son las cosas lo que parecen.

CROWD IS NOT COMPANY, A. Compañía de cinco, el diablo la hizo.

CRUST IS BETTER THAN NO BREAD, A. Más vale algo que nada.

CRUTCH OF TIME DOES MORE THAN THE CLUB OF HERCULES, THE. Hasta las piedras las destruye el tiempo.

CUNNING SURPASSES STRENGTH. Más vale maña que fuerza. Lo que fuerza no puede, ingenio lo vence.

CURIOSITY KILLED THE CAT. Muchas veces, el que escarba, lo que no quiere halla. Escarbó el gallo y descubrió el cuchillo para su daño. Los camposantos están llenos de curiosos. 'What have you been doing all the morning?' 'I am not telling you. Remember curiosity killed the cat!' '¿Qué has estado haciendo toda la mañana?' 'No te lo voy a decir. ¡Recuerda que: muchas veces, el que escarba, lo que no quiere halla!'

CURSES, LIKE CHICKENS, COME HOME TO ROOST. El mal que de tu boca sale, en tu seno se cae.

CUSTOM HAS THE FORCE OF LAW. La costumbre tiene fuerza de ley.

CUSTOM MAKES ALL THINGS EASY. Usar la mano hace escribano. El uso hace maestro.

CUSTOM RECONCILES US TO EVERYTHING. A todo se hace uno.

CUSTOM RULES THE LAW. La costumbre hace la ley.

CUSTOM HAS THE FORCE OF LAW. La costumbre es ley.

CUSTOM TAKES THE TASTE FROM THE MOST SAVOURY DISHES. Todos los días perdiz cansa.

CUT OFF A DOG'S TAIL AND HE WILL BE A DOG STILL. El pelo muda la raposa, mas el natural no despoja.

CUT YOUR COAT ACCORDING TO YOUR CLOTH. Es malo estirar el pie fuera de la sábana. Vivir dentro de los medios económicos de uno. Adaptarse uno a las circunstancias. We have to start cutting our coat accoding to our cloth and end the delusion that we can have it all. Tenemos que empezar a vivir dentro de nuestros medios económicos, y acabar con la falsa ilusión de que podemos tenerlo todo.

# D

DANGER MAKES MEN DEVOUT. Acordarse de Santa Bárbara cuando truena. Pasado el tranco, olvidado el santo.

DARKEST HOUR IS THAT BEFORE THE DAWN, THE. No hay nublado que dure un año.

DEAD BEE MAKES NO HONEY, A. Abeja muerta, ni miel ni cera.

DEAD DOGS BARK NOT. Perro muerto, ni muerde ni ladra.

DEAD DOGS BITE NOT. Perro muerto, ni muerde ni ladra.

DEAD MEN DON'T BITE. Hombre muerto no hace guerra.

DEAD MEN HAVE NO FRIENDS. Los muerts y los ausentes ni tienen amigos ni parientes.

DEAD MEN TELL NO TALES. Los muertos no hablan.

DEAD MEN AND ABSENT THERE NO FRIENDS LEFT, TO. Los muertos y los ausentes ni tienen amigos ni parientes.

DEAD MOUSE FEELS NO COLD, A. La muerte es gran remediadora.

DEATH COMBS US ALL THE SAME COMB. El rey y el acemilero pasan por un mismo rasero.

DEATH IS A REMEDY FOR ALL ILLS. La muerte es gran remediadora.

DEATH DEFIES THE DOCTOR. Lo que el médico curar no puede, lo cura la muerte.

DEATH DEVOURS LAMBS AS WELL AS SHEEP. Tan presto va el carnero como el cordero.

DEATH IS SURE TO ALL. Que queramos, que no queramos, morir tenemos.

DEATH IS THE END OF ALL. Con la muerte todo se acaba.

DEATH IS THE GREAT LEVELLER. La muerte mide a todos con el mismo rasero. Al final de la vida todos calvos.

DEATH KEEPS NO CALENDER. La muerte no avisa.

DEATH PAYS ALL DEBTS. Quien se muere, liquida. Quien muere, ni cobra ni paga. Si se muere el que me debe, todo se pierde. El deudor no se muera, que la deuda en pie se queda. Mientras el deudor aletea, la deuda colea.

DEBTORS ARE LIARS. El día de San Ciruelo pagaré lo que debo.

DECEIVER. TO DECEIVE A DECEIVER IS NOT DECEIT. Quien engaña al engañador, cien días gana de perdón.

DEEDS ARE FRUITS, WORDS ARE BUT LEAVES. Donde hay obras, las palabras sobran.

DEEDS, NOT WORDS. Obras son amores que no buenas razones. Donde hay obras, las palabras sobran. Más obrar que hablar. Cacarear y no poner huevos, cada día lo vemos.

DEEDS WILL SHOW THEMSELVES, AND WORDS WILL PASS AWAY. Donde hay obras, las palabras sobran.

DELAYS ARE DANGEROUS. Lo aplazado, casi siempre es malogrado.

DESERT AND REWARD SELDOM KEEP COMPANY. Siempre lo verás, al que menos se lo merece siempre se lo dan.

DESPERATE DISEASES MUST HAVE DESPERATE REMEDIES. A grandes males, grandes remedios .

DESTROY THE LION WHILE HE IS YET BUT A WHELP. Mata al lobito cuando es chiquito.

DEVIL ALWAYS LEAVES A STINK BEHIND HIM, THE. La zorra va por el mijo y no come, mas dale con el rabo y sacude el grano.

DEVIL CAN CITE SCRIPTURE FOR HIS PURPOSE, THE. Cuando el diablo reza, engañar te quiere.

DEVIL FINDS WORK FOR IDLE HANDS TO DO, THE. La ociosidad es la madre de todos los vicios.

DEVIL GETS UP TO THE BELFRY BY THE VICAR´ S SKIRTS, THE. El Rosario al cuello, y el diablo en el cuerpo.

DEVIL LAUGHS WHEN ONE THIEF ROBS ANOTHER, THE. Quien roba a un ladrón, tiene cien años de perdón.

DEVIL LURKS BEHIND THE CROSS, THE. Detrás de la cruz está el diablo. Cara de beato, y uñas de gato.

DEVIL IS NOT AS BLACK AS HE IS PAINTED, THE. El diablo no es tan malo como lo pinta el miedo.

DEVIL SOMETIMES SPEAKS THE TRUTH, THE. Algunas veces dice el diablo verdad.

DEVIL IS SUBTLE, YET WEAVES A STRONG WEB, THE. El diablo es sotil, y hila gordo.

DEVIL KNOWS MANY THINGS BECAUSE HE IS OLD, THE. Sabe más el diablo por viejo que por Diablo.

DEVIL LOOKS AFTER HIS OWN, THE. El demonio a los suyos quiere.

DEVIL RIDES UPON A FIDDLESTICK, THE. Mucho ruido y pocas nueces. Mucho jaleo para nada.

DEVIL SICK WOULD BE A MONK, THE. Acordarse de Santa Bárbara cuando truena. Pasado el tranco, olvidado el santo.

DIAMOND CUT DIAMOND. Encontrar la horma de su zapato. Juntarse el hambre con las ganas de comer. La lima lima a la lima.

DIET CURES MORE THAN DOCTORS. Dieta, y no recetas, y tendrás salud completa.

DILIGENCE IS THE MOHER OF GOOD FORTUNE. La diligencia es madre de la buena ventura.

DISCRETION IS THE BETTER PART OF VALOUR. Huír cuando es menester, con honra se puede hacer. Mejor es doblar que quebrar.

DISTANCE LENDS ENCHANTMENT TO THE VIEW. A veces una cosa ves, y otra es. De lejos parece lo que de cerca no puede.

DO AS MOST MEN DO, THE MOST MEN WILL SPEAK WELL OF YOU. Donde fueres, haz como vieres.

DO AS THE FRIER SAYS, NOT AS HE DOES. Haz lo que bien te digo y no lo que mal hago. Haz lo que te digo y no lo que yo hago. No hay tal maestro com fray ejemplo

DO AS I SAY, NOT AS I DO. Haz lo que te digo y no lo que yo hago. Haz lo que bien digo y no lo que mal hago.

DO AS YOU WOULD BE DONE BY. Trata a los demás como te gustaría que te tratasen a tí.

DO NOT TRIUMPH BEFORE THE VICTORY. No cantes gloria antes de la victoria.

DO UNTO OTHERS AS YOU WOULD THEY SHOULD DO UNTO YOU. Trata a los demás como te gustaría que te tratasen a tí.

DOG DOES NOT EAT DOG. Perro no come carne de perro. Entre bomberos no nos pisamos la manguera. Entre gitanos no se dice la buenaventura.

DOG IN A MANGER, A. Ser como el perro del hortelano, ni come, ni deja.

DOG IS A LION WHEN HE IS AT HOME, A. En su casa, un perro es un león; en la ajena, un ratón.

DOGS BEGIN IN JEST AND END IN EARNEST. Las cañas se vuelven lanzas. Las burlas más chanceras a lo mejor se vuelven veras.

DOGS WAG THEIR TAILS NOT SO MUCH IN LOVE TO YOU AS TO YOUR BREAD. Por dinero baila el perro, y por pan, si se lo dan.

DOING IS BETTER THAN SAYING. Más obrar que hablar.

DON´T BITE OFF MORE THAN YOU CAN CHOOSE. Quien mucho abarca, poco aprieta.

DON´T BUIILD THE STY BEFORE THE LITTER COMES. No cuentes los polluelos antes de que salgan de los huevos.

DO NOT CAST YOUR PEARLS BEFORE SWINE. No echéis vuestras margaritas a los puercos.

DO NOT CHANGE HORSES IN MID - STREAM. Quien bien va, no tuerza. Cambiar de no novio en el medio de la ceremonia. Cambiar de táctica en el medio de un proyecto.

DON´T COUNT YOUR CHICKENS BEFORE THEY ARE HATCHED. No cuentes los polluelos antes de que salgan de los huevos.

DON´T CROSS A BRIDGE TILL YOU COME TO IT. No te pongas la venda hasta que no te hagan la herida. No abras el paraguas antes de que llueva. Aguardr a los acontecimientos.

DON´T CRY BEFORE YOU ARE HURT. No pongas el barro antes de que haya picado el tábano.

DON´T CRY STINKING FISH. Haceos miel y comeos han las moscas.

DON´ T CUT OFF YOUR NOSE TO SPITE YOUR FACE. El que su nariz acorta, su cara afea.

DO NOT HALLOO TILL YOU ARE OUT OF THE WOOD. No cantes gloria antes de la victoria.

DON´T HAVE TOO MANY IRONS IN THE FIRE. Muchos ajos en un mortero, mal los maja el majadero. Quien mucho abarca, poco aprieta.

DON´T HIT A MAN WHEN HE IS DOWN. Cuando tengas a alguien bajo la lanza usa la templanza.

DO NOT KICK AGAISNT THE PRICKS. Poner al mal tiempo buena cara.

DON´T MAKE YOURSELF A MOUSE, OR THE CAT WILL EAT YOU. Haceos miel y comeos han las moscas.

DON´T MEET TOUBLE HALF WAY. No te pongas la venda antes de que te hagan la herida.

DON´T PUT ALL YOUR EGGS IN ONE BASKET. Jugárselo todo a una sola carta.

DON´T PUT THE CART BEFORE THE HORSE. No hay que empezar la casa por el tejado.

DON´T TELL TALES OUT OF SCHOOL. No chivarse de los demás.

DO NOT TRIUMPH BEFORE THE VICTORY. No cantes gloria antes de la victoria.

DON´T LET YOUR JAWS OUTRUN YOUR CLAWS. Cada uno que extienda la pata hasta donde llega la sábana.

DON´ T LOOK A GIFT HORSE IN THE MOUTH. A caballo regalado no le mires el diente.

DON´T MAKE A MOUNTAIN OUT A MOLEHILL. Usar un cañón para matar un gorrión. Hacer una montaña de un grano de arena.

DON´ T SELL THE SKIN TILL YOU HAVE CAUGHT THE BEAR. No vendas la piel del oso sin haberlo muerto.

DON´T SPREAD THE CLOTH TILL THE POT BEGINS TO BOIL. Hasta verlo en la era, llámale hierba.

DON´T TEACH YOUR GRANDMOTHER TO SUCK EGGS. A moro viejo, no aprendas algarabía. Yo te hice y tu me enseñas. ¿Váis a enseñar a vuestro padre a hacer hijos?

DON´T THROW THE BABY OUT WITH THE BATHWATER. No exageres.

DON´T WASH YOUR DIRTY LINEN IN PUBLIC. La ropa sucia no se debe lavar en público.

DO NOT WEAR OUT YOUR WELCOME. A casa de tu tía, mas no cada día.

DO WHAT IS RIGHT, COME WHAT MAY. Haz bien, y no mires a quien.

DOOR MUST BE EITHER SHUT OR OPEN, A. No se puede nadar y guardar la ropa. No se puede repicar y andar en la procesión. Soplar y sorber no puede ser.

DOZEN TRADES, THIRTEEN MISERIES, A. Oficial de mucho, maestro de nada. Un cagaoficios.

DRESS UP A STICK AND IT DOES NOT APPEAR TO BE A STICK. Un palo vestido, no parece palo.

DRINK WINE IN WINTER FOR COLD, AND IN SUMMER FOR HEAT. En verano por calor y en invierno por frío, nunca le falte achaque al vino.

DROWNING MAN WILL CLUTCH AT A STRAW, A. A un clavo ardiendo se agarra el que se está hundiendo.

DRY BREAD AT HOME IS BETTER THAN ROAST BEEF ABROAD. Más vale el humo de mi casa que el fuego de la ajena. Más valen granzas de mi era que trigo de la ajena.

DYING IS AS NATURAL AS LIVING. Por un mismo camino andan vida y muerte: una va, y otra viene.

# E

EAGLE DOES NOT HAWK AT FLIES. El águila no caza moscas.

EAGLES DO NOT BREED DOVES. De tal palo tal astilla.

EARLY BIRD CATCHES THE WORM, THE. A quien madruga Dios le ayuda.

EARLY TO BED EARLY TO RISE, MAKES A MAN HEALTHY, WEALTHY AND WISE. A las diez, en la cama estés y si es antes mejor que después.

EARLY MASTER, LONG KNAVE. Haz a tu hijo heredero, no le hagas tu despensero.

EARLY RAIN AND A WOMAN´S TEARS ARE SOON OVER. Lágrimas de damas, son agua en la fragua.

EARLY SOW, EARLY MOW. Quien al molino a de andar, cúmplele madrugar.

EASIER SAID THAN DONE. Del dicho al hecho hay un gran trecho.

EAST WEST, HOME IS BEST. Más vale el humo de mi casa que el fuego de la ajena. Más valen granzas de mi era que trigo de la ajena.

EASY COME, EASY GO. Los dineros del sacristán, cantando vienen, cantando se van. Lo que viene fácil, fácil se va.

EAT TO LIVE, NOT LIVE TO EAT. Come para vivir y no vivas para comer.

EAVESDROPPERS NEVER HEAR ANY GOOD OF THEMSELVES. El que escucha su mal oye. Escucha el agujero; oíras de tu mal y del ajeno.

EMPTY BELLY BEARS NO BODY, AN. Estómago con hambre no quiere razones, sino panes.

EMPTY VESSELS MAKE THE MOST SOUND. El que mucho habla, poco hace. Obras son amores que no buenas razones. Cacarear y no poner huevos, cada día lo vemos.

END JUSTIFIES THE MEANS, THE. Los fines justifican los medios.

END MAKES ALL EQUAL, THE. La muerte mide a todos con el mismo rasero.

ENEMY'S MOUTH SELDOM SPEAKS WELL, AN. El enemigo de tu padre, hablará mal de tu madre.

ENGLISHMAN´S HOME IS HIS CASTLE, AN. Cada uno en su casa es rey. Cada uno en su casa al rey hace cabrón. De puertas para adentro, cada uno puede hacer lo que le plazca. Cada uno en su casa hace lo que le peta.

ENVY EATS NOTHING BUT ITS OWN HEART. La envidia es orín que corroe las entrañas del ruin. Mártir es de su pecado quien por la envidia está esclavizado. Peor es la envidia que la tiña.

ENVY NEVER ENRICHED ANY MAN. La miseria es sobrina de la envidia.

ERR IS HUMAN; TO FORGIVE DIVINE, TO. Humano es errar, divino es perdonar.

EVEN AN ASS WON´T FALL IN THE SAME QUICKSAND TWICE. El hombre es el único animal que tropiza dos veces en la misma pierdra.

EVEN HOMER SOMETIMES NODS. Errar es de humanos.

EVEN A WORM WILL TURN. Cada hormiga tiene su ira. Hasta el perro más manso muerde.

EVER BUSY, EVER BARE. Afanar, afanar y nunca medrar.

EVERY ASS LIKES TO HEAR HIMSELF BRAY. Quien mal canta, bien le suena.

EVERY BEAN HAS ITS BLACK. En el mundo entero no hay quien no tenga su pero.

EVERY BEGGAR IS DESCENDED FROM SOME KING, AND EVERY KING IS DESCENDED FROM SOME BEGGER. Todos somos hijos de Adán y Eva, mas diferéncianos la seda.

EVERY BEGINNING IS HARD. El primer paso es el que cuesta más trabajo.

EVERY BIRD LOVES TO HEAR HIMSELF SING. A cada pajarillo le suena bien su cantarcillo.

EVERY BULLET HAS ITS BILLET. Cada mosca tiene su sombra.

EVERYBODY LOVES HIS OWN LIKENESS. Cada par con su par.

EVERY CLOUD HAS A SILVER LINING. No hay mal que por bien no venga.

EVERY COCK WILL CROW UPON HIS OWN DUNG - HILL. Un gallo en un estercolero, desafía al mundo entero.

EVERY COUPLE IS NOT A PAIR. Algo va de Pedro a Pedro.

EVERY DOG HAS HIS DAY. A todos nos sonríe la fortuna alguna vez.

EVERY DOG IS VALIANT AT HIS OWN DOOR. El cobarde es león en casa y liebre en la plaza.

EVERY DOG IS A LION AT HOME. El cobarde es león en casa y liebre en la plaza. Gallo que es bueno, lo mismo canta en su corral que en el ajeno.

EVERY DOOR MAY BE SHUT BUT DEATH´S DOOR. La muerte, sin tener llaves, todas las puertas abre.

EVERY GROOM IS A KING AT HOME. Cada uno en su casa es rey. Cada uno en su casa hace lo que le peta. Cada uno en su casa al rey hace cabrón.

EVERYONE IS AKIN TO THE RICH MAN. El rico tiene cien sobrinos y primos. El rico para todos es tío o primo; al pobre nadie por parientes lo reconoce.

EVERY FAMILY HAS A SKELETON IN THE CUPBOARD. No hay casa donde no haya su calla, calla. En cada casa hay un cuadro variado.

EVERY FLOW MUST HAVE ITS EBB. No hay cosa que no tenga su contra.

EVERY SHOE FITS NOT EVERY FOOT. No cabe todo en todos.

EVERYONE HAS HIS FAULTS. A cada cual se le levantan los pajarillos en su muladar.

EVERY JACK MUST HAVE HIS JILL. Nunca falta un roto para un descosido.

EVERY LAND HAS IT OWN LAW. En cada tierra, su uso, y en cada casa, su costumbre.

EVERY LITTLE HELPS. Un grano no hace granero, pero ayuda al compañero.

Muchas candelillas hacen un cirio pascual.

EVERY LAW HAS A LOOPHOLE. Quien hizo la ley, hizo la trampa.

EVERY MAN AFTER HIS FASHION. Cada maestrillo tiene su librillo.

EVERY MAN BUCKLES HIS BELT HIS OWN WAY. Cada uno tiene su modo de matar pulgas. Cada maestrico tiene su librico.

EVERY MAN FOR HIMSELF, AND THE DEVIL TAKE THE HINDMOST. El último mono es el que se ahoga. El que venga detrás que arree. Comido yo comido todo el mundo.

EVERY MAN FOR HIMSELF AND GOD FOR US ALL. Cada uno en su casa, y Dios cn la de todos.

EVERY MAN HAS HIS CROSS TO BEAR. Cada uno lleva su cruz.

EVERY MAN IS HIS OWN WORST ENEMY. El mayor enemigo del hombre es el hombre.

EVERY MAN IS THE ARCHITECT OF HIS OWN FORTUNE. Cada uno es artífice de su fortuna.

EVERY MAN LIKES HIS THINGS BEST. A cada uno le gusta lo suyo.

EVERY MAN TO HIS TRADE. ¡ Zapatero, a tus zapatos!

EVERY MILLER WISHES WATER TO HIS OWN MILL. Cada santo pide por su ermita.

EVERY OAK HAS BEEN AN ACORN. De los arroyos chicos se hacen los grandes ríos.

EVERY ONE TALKS OF WHAT HE LOVES. Cada loco con su tema. Cada loco con su himno nacional.

EVERY ROSE HAS ITS THORN. No hay rosa sin espinas.

EVERY SPRAT NOW - A - DAYS CALLS ITSELF A HERRING. Hasta los gatos quieren zapatos. Hasta los gatos tiene tos.

EVERYONE STRETCHES HIS LEGS ACCORDING TO THE LENGTH OF HIS BLANKET. No extiendas la pierna más de lo que alcanza la manta.

EVERYONE TALKS OF WHAT HE LOVES. Cada loco con su tema. Cada loco con su himno nacional.

EVERYONE TO HIS TASTE. De gustos no hay nada escrito.

EVERYONE´S FAULTS ARE NOT WRITTEN IN THEIR FOREHEADS. Dijo la sartén a la caldera: quítate allá culinegra.

EVERY PATH HAS A PUDDLE. Por do quiera hay su legua de mal camino.

EVERY PEDDLER THINKS WELL OF HIS PACK. Cada buhonero alaba sus agujas.

EVERYTHING COMES TO HIM WHO WAITS. Con la paciencia todo se logra. EVERYTHING HAS AN END. Fin han de tener las cosas.

EVERYTHING HAS ITS SEED. Por algo se empieza. De chicos principios, grandes fines.

EVERYTHING HEALS WITH TIME. El tiempo todo lo cura.

EVERYTHING MUST HAVE A BEGINNING. Principio quieren las cosas.

EVERYTHING NEW IS FINE. Lo novel, todo bel.

EVERY SPRAT NOW - A - DAYS CALLS ITSELF A HERRING. Hasta los gatos quieren zapatos. Hasta los gatos tienen tos. Cada ollero alaba su puchero. Cada ollero su olla alaba, y más si la trae quebrada.

EVERY TUB MUST STAND ON ITS OWN BOTTOM. Cada palo aguante su vela.

EVERY TUB SMELLS OF THE WINE IT HOLDS. Cada cuba huele al vino que tiene.

EVIL COMMUNICATIONS CORRUPT GOOD MANNERS. Por do quieras que vayas, mira con quien te acompañas.

EVIL DOERS ARE EVIL DREADERS. Piensa el ladrón que todos son de su condición.

EXAMPLE IS BETTER PRECEPT. Padre perezoso hace a hijos viciosos. Quien quiere que le sigan, vaya delante.

EXCEPTION PROVES THE RULE, THE. La excepción comfirma la regla.

EXPERIENCE IS GOOD, IF NOT BOUGHT TOO DEAR. La experiencia es un maestro caro.

EXPERIENCE IS THE BEST TEACHER. Los años me han enseñado lo que en los libros no había encontrado.

EXPERIENCE IS THE MOTHER OF WISDOM. La experiencia es madre de la ciencia.

EXPERIENCE WITHOUT LEARNING IS BETTER THAN LEARNING WITHOUT EXPERIENCE. Sin experiencia, de poco sirve la ciencia. Más vale puñado de experiencia que almuerzo de ciencia.

EYE FOR AN EYE, AND A TOOTH FOR A TOOTH, AN. Ojo por ojo, y diente por diente.

EYE IS BIGGER THAN THE BELLY, THE. Comerle a uno más el ojo que el estómago.

EYE THAT SEES ALL THINGS ELSE SEES NOT ITSELF, THE. Ver la mota en el ojo ajeno y no ver la viga en el nuestro.

EYES ARE THE WINDOWS TO A SOUL, THE. Los ojos son las ventanas del alma. En los ojos se le ve al alma el fondo.

# F

FAILURE TEACHES SUCCESS. Perdiendo se aprende.

FAINT HEART NEVER WON FAIR LADY. Amante atrevido, de la amada más querido. Corazón cobarde no conquista damas ni ciudades.

FAIR DEATH HONOURS THE WHOLE LIFE, A. Un buen morir da honor a la vida entera.

FAIR FACE IS HALF A DOWRY, A. La belleza es media dote.

FAIR FACE, FOUL HEART. La cara bonita y la intención maldita.

FAIR AND THE FOUL, BY DARK ARE SIMILAR, THE. Por la noche, todos los gatos son pardos.

FAIR PLAY IS A JEWEL. Ni gane el santo, ni pierda el santero.

FAIR AND SOFTLY GOES FAR. Date prisa, pero no corras. Vísteme despacio, que tengo prisa.

FAIR WIFE AND A FRONTIER CASTLE BREED QUARRELS, A. Mujer hermosa, viña e higueral, muy malas son de guardar. Mujer hermosa y buena espada, de muchos son codiciadas.

FAIR WITHOUT, FALSE WITHIN. Bellezas hay muy estimadas, pero por dentro no valen nada.

FAIR WOMAN WITHOUT VIRTUE IS LIKE PALLED WINE, A. Vana es la hermosura, si con ella no hay virtud.

FAIR WORDS BREAK NO BONES. Palabras no rompen hueso.

FAIR WORDS FILL NOT THE BELLY. Obras quiero, que de vanas palabras estoy hasta el pelo.

FAIREST FLOWERS SOONEST FADE, THE. La flor de la hermosura, muy vistosa y poco dura.

FAIREST ROSE IS AT LAST WITHERED, THE. Apenas amanece, la rosa florece, más luego perece.

FAITH WILL MOVE MOUNTAINS. La fe mueve montañas.

FALSE FRIEND AND A SHADOW ATTEND ONLY WHILE THE SUN SHINES, A. Amigos y relojes de sol, sin nubes, sí; con nubes, no.

FALSE TONGUE WILL HARDLY SPEAK TRUTH, A. Debajo de la buena palabra está el engaño. So el buen dicho está el engaño escondido.

FALSE WITH ONE CAN BE FALSE WITH TWO. Embustes y cuentos, de uno nacen cientos.

FAME IS A MAGNIFYING GLASS. Ninguno es más honrado de lo que quiere el vecindario.

FAME IS BUT THE BREATH OF THE PEOPLE. Ninguno es más honrado de lo que quiere el vecindario.

FAME, LIKE A RIVER, IS NARROWEST AT ITS SOURCE AND BROADEST AFAR OFF. Ninguno es más honrado de lo que quiere el vecindario.

FAMILIARITY BREEDS CONTEMPT. Adonde te quieran mucho no vayas a menudo. La mucha confianza es causa de desprecio.

FAMILY THAT PRAYS TOGETHER STAYS TOGETHER, THE. La familia que reza unida permanece unida.

FAR FOWLS HAVE FAIR FEATHERS. No son todo ruiseñores los que cantan entre las flores.

FAR FROM EYE, FAR FROM HEART. Ojos que no ven, ni lloran ni sienten.

FART IS THE CRY OF AN IMPRISONED TURD, A. Un pedo es el grito de un zurrullo preso.

FAT HOUSEKEEPERS MAKE LEAN EXECUTORS. Buena olla, mal testamento.

FATE LEEDS THE WILLING, BUT DRIVES THE STUBBORN. La suerte de cada alma, escrita está en la palma.

FATHER A SAINT, THE SON A DEVIL, THE. De padre santo, hijo Diablo.

FAULT CONFESSED, HALF REDRESSED. Pecado confesado es medio perdonado

FAULTY STANDS ON HIS GUARD, THE. El malo siempre piensa ser engañado. Piensa el ladrón que todos son de su condición.

FEAR GIVES WINGS. El miedo es ave de mucho vuelo. Quien tiene miedo, corre ligero.

FEAR THE GREEKS BEARING GIFTS. Temo a los griegos, incluso si vienen a traernos regalos. He was not a worldly person, and as such did no fear the Greeks bearing gifts. No era una persona de mucho mundo, y como tal, no desconfíaba de nadie.

FEAR HAS MAGNIFYING EYES. El miedo es tan abultante, que hace de un mosquito un elefante.

FEAR KEEPS THE GARDEN BETTER THAN THE GARDENER. El miedo guarda la viña.

FEAR OF DEATH IS WORSE THAN DEATH ITSELF. La muerte menos temida, da más vida.

FEATHER BY FEATHER, THE GOOSE IS PLUCKED. Poco a poco, hila la vieja el copo.

FEATHER IN HAND, IS BETTER THAN A BIRD IN THE AIR, A. Más vale pájaro en mano que ciento volando.

FEBRUARY DOTH (both) CUT AND SHEAR. Febrero, siete capas y un sombrero.

FEBRUARY'S RAIN FILLS THE BARN. Febrero, cebadero.

FEED BY MEASURE AND DEFY THE PHYSICIAN. Dieta, y no recetas, y tendrás salud completa.

FETTERS. NO MAN LOVES HIS FETTERS, BE THEY MADE OF GOLD. Aunque la jaula sea de oro no deja de ser prisión. Todo preso quiere ser libre.

FEWER THE WORDS THE BETTER THE PRAYERS, THE. Muchos amenes al cielo llegan.

FIELDS HAVE EYES, AND WOODS HAVE EARS. Las paredes oyen. Entre seto y seto, no digas tu secreto.

FENCES. GOOD FENCES MAKE GOOD NEIGHBOURS. Amistades conserva la pared medianera.

FILTH UNDER THE WHITE SNOW THE SUN DISCOVERS, THE. Derrítese la nieve y el estiércol debajo aparece.

FINDING'S KEEPING. Cosa hallada, no es hurtada.

FINE FEATHERS MAKE FINE BIRDS. Las plumas hacen a las aves hermosas. Viste a un palo.

FINE WORDS BUTTER NO PARSNIPS. Obras son amores, que no buenas razones. Donde hay obras, las palabras sobran.

FINE WORDS DRESS ILL DEEDS. Quien te adula su bien y tu mal busca.

FINEST FLOWER WILL SOONEST FADE, THE. Apenas amanece, la rosa florece, mas luego perece.

FIRE CANNOT BE HIDDEN IN FLAX. El lobo muda de pelo, mas no de celo.

FIRE THAT'S CLOSEST KEPT BURNS MOST OF ALL. Quien calladamente arde, más se quema. Mal se esconde el fuego en el seno, ni el amor en el pecho.

FIRST BLOW IS HALF THE BATTLE, THE. Quien da primero, da dos veces.

FIRST CATCH YOUR HARE. Hasta verlo en la era, llámale hierba. No vendas la piel del oso sin haberlo muerto.

FIRST COME, FIRST SERVED. Quien antes nace, antes pace.

FIRST IMPRESSIONS ARE MOST LASTING. La primera impresión es la que cuenta.

FIRST STEP IS THE ONLY DIFICULTY, THE. El primer paso es el que cuesta.

FIRST STEP IS THE HARDEST, THE. En el comienzo está el mayor tropiezo.

FISH BEGINS TO STINK AT THE HEAD. De la corrupción de lo mejor sale lo peor.

FISH DIES THROUGH ITS MOUTH, THE. Por la boca muere el pez.

FISH AND GUESTS SMELL IN THREE DAYS. El huésped y el pez, a los tres días hiede.

FISH MUST SWIM THRICE, FIRST IN WATER AND THEN IN BUTTER OR SAUCE AND FINALLY IN WINE. El pez siempre nada: muerto, en aceite y vino, vivo en el agua.

FLESH IS FRAIL, THE. La carne es débil.

FLIES GO TO LEAN HORSES. A perro flaco, todo son pulgas.

FLING ENOUGH DIRT AND SOME WILL STICK. Calumnia, que algo queda.

FLY THAT PLEASURE WHICH PAINS AFTERWARD. Huye del placer presente, que te ha de dar pensar en lo siguiente.

FLY THAT PLAYS TOO LONG IN THE CANDLE, SINGES HIS WINGS AT LAST, THE. Cántaro que va mucho a la fuente, alguna vez se rompe. El que desafía el peligro, en el fenece.

FLY HAS HER SPLEEN, AND THE ANT HER GALL, THE. Cada hormiga tiene su ira.

FOOL ALWAYS RUSHES TO THE FORE, A. El necio pasa el vado primero

FOOL BELIEVES EVERYTHING, A. Los tontos todo se lo creen.

FOOL KNOWS MORE IN HIS OWN HOUSE THAN A WISE MAN IN ANOTHER'S. Más sabe el necio en su casa que el cuerdo en la ajena.

FOOL AT FORTY IS A FOOL INDEED, A. Harto es necio quien a los sesenta años no adivina.

FOOL AND HIS MONEY ARE SOON PARTED, A. El dinero del tonto se escurre pronto.

FOOL MAY SOMETIMES SPEAK TO THE PURPOSE, A. Alguna vez de un necio sale un buen consejo.

FOOL MAY GIVE A WISE MAN COUNSEL, A. Muchas veces el necio dice un buen consejo.

FOOL MAY THROW A STONE INTO A WELL, WHICH A HUNDRED WISE MEN CANNOT PULL OUT. Un loco tira una piedra al mar, y cien cuerdos no la pueden sacar.

FOOLS BY THEIR OWN; WISE MEN LEARN BY OTHER MEN'S MISTAKES. A su costa aprende el necio, y a costa del necio el cuerdo.

FOOLS GROW WITHOUT WATERING. Los tontos se crían solos.

FOOLS AND MADMEN OUGHT NOT TO BE LEFT IN THEIR OWN COMPANY. A los locos y a los tontos no se deben dejar solos.

FOOL'S TONGUE IS LONG ENOUGH TO CUT HIS OWN THROAT, A. Por la boca muere el pez.

FOOL'S BELL IS SOON RUNG, A. Empréñate de aire, compañero; y parirás viento.

FOOLISH TONGUES TALK BY THE DOZEN. Los tontos hablan por los codos.

FOOLS ARE WISE AS LONG AS SILENT. Tonto que calla, por sabio pasa. Harto sabe quien no sabe, si callar sabe.

FOOL'S BOLT MAY SOMETIMES HIT THE MARK, A. Acertó a mear el buey en la calabaza.

FOOL'S BOLT IS SOON SHOT, A. El ballestero malo, a los suyos tira.

FOOLS BUILD HOUSES, AND WISE MEN BUY THEM. El necio labra la casa para el discreto.

FOOLS FOR LUCK. A los tontos, y a los pastores, se les aparece la Virgen.

FOOLS LIVE POOR TO DIE RICH. Necio es, y más que necio, quien lo pasa mal, para que mañana lo pasen bien sus herederos.

FOOLS REJOICE AT PROMISES. Prometer no es dar, mas por necios contentar.

FOOLS RUSH IN WHERE ANGELS FEAR TO TREAD. El necio pasa el vado primero

FOOLS WILL BE FOOLS STILL. No se es burro para un día, sino para toda la vida.

FOOT ON THE CRADLE AND HAND THE DISTAFF IS SIGN OF A GOOD HOUSWIFE, THE. La mujer de buen aliño, hilaba y devanaba y vendía vino, y daba la teta al niño.

FOOTPRINTS ON THE SANDS OF TIME ARE NOT MADE BY SITTING DOWN. El que se levanta tarde, ni oye misa ni come carne.

FOOTSTEPS OF FORTUNE ARE SLIPPERY, THE. No te fíes de la fortuna que es mudable como la luna.

FORBEAR NOT SOWING BECAUSE OF BIRDS. Nadie deje de sembrar por miedo de gorriones.

FORCE WITHOUT FORCAST IS OF LITTLE AVAIL. Hombre apercibido, anda seguro el camino. Hombre apercibido, medio combatido.

FOR A FLYING ENEMY MAKE A GOLDEN BRIDGE. Al enemigo, si huye, puente de plata. Cuando quiera ausentarse tu enemigo, quítale estorbos en su camino.

FOR MAD WORDS, DEAF EARS. A palabras necias, oidos sordos.

FORECAST IS BETTER THAN WORK - HARD. Para librarse de lazos, antes buena cabeza que buenos brazos.

FOREWARNED IS FOREARMED. Hombre prevenido vale por dos.

FORGIVE AND FORGET. Lo pasado, pasado, y lo mal hecho por donado. Pelillos a la mar, para nunca desquitar.

FORBIDDEN FRUIT IS SWEET. Fruto vedado, el más codiciado. Fruto prohibido, el más deseado.

FORCED KINDNESS DESERVES NO THANKS, A. Dádiva forzada no merece gracias.

FORMER FRIENDS CAN BE DANGEROUS ENEMIES. No hay peor astilla que la de la misma madera.

FORTUNE CAN TAKE FROM US NOTHING BUT WHAT SHE GAVE US. No puede quitar más la fortuna que lo que ha dado.

FORTUNE FAVOURS THE BOLD. A los osados ayuda la fortuna. Al hombre osado, la fortuna le da la mano.

FORTUNE FAVOURS FOOLS. A los tontos, y a los pastores, se les aparece la virgen.

FORTUNE FAVOURS THOSE WHO USE THEIR JUDGEMENT. Más vale arte que ventura.

FORTUNE IS FICKLE. Ayer vaquero y hoy caballero.

FORTUNE IS BLIND. La fortuna es una veleta, nunca se está quieta.

FORTUNE IS MADE OF GLASS. La fortuna es de vidrio y se quiebra con cualquier golpecillo.

FORTUNE IS THE MISTRESS OF THE FIELD. Contra la fortuna no vale arte alguna.

FORTUNE KNOCKS ONCE AT LEAST AT EVERY MAN'S GATE. Nunca una victoria sola.

FORTUNE, NOT PRUDENCE, RULES THE LIFE OF MEN. Dame ventura y échame en la rua. Contra fortuna no vale arte alguna.

FORTUNE TO ONE IS MOTHER, TO ANOTHER IS STEP- MOTHER. Con lo que sana el higado, enferma el bazo.

FORTUNE IS WEARY TO CARRY ONE AND THE SAME MAN ALWAYS. Arcaduz de noria, el que lleno viene, vacío torna.

FOUL MORNING MAY TURN TO A FAIR DAY, A. De hora a hora Dios mejora.

FOWLER'S PIPE SOUNDS SWEET TILL THE BIRD IS CAUGHT, THE. Debajo de la miel hay hiel. Debajo del sayal hay mal. Haya cebo en el palomar, que las palomas ellas vendrán. Debajo de la mata florida está la culebra escondida.

FOX FARES BEST WHEN HE IS CURSED, A. En dando en que el perro ha de rabiar, rabia.

FOX KNOWS MUCH, BUT MORE HE THAT CATCHES HIM, THE. Mucho sabe la raposa, pero más el que la toma. Una cautela, con otra se quiebra. A pillo, pillo y medio.

FOX MAY GROW GREY, BUT NEVER GOOD, THE. El pelo muda la raposa, mas el natural no despoja.

FOX PREYS FARTHEST FROM HIS HOME, THE. El zorro caza lejos de donde vive.

FOXES WHEN SLEEPING HAVE NOTHING INTO THEIR MOUTHS. A pájaro durmiente tarde le entra el cebo en el vientre.

FREEDOM IS A FAIR THING. La libertad es una alhaja que con ningún dinero se paga.

FRIDAY'S NOON IS SUNDAY´S DOOM. De la risa al duelo, un pelo.

FRIEND AT COURT IS BETTER THAN A PENNY IN PURSE, A. Quien tiene de su parte al escribano, tiene el pleito ganado.

FRIEND TO EVERYBODY IS A FRIEND OF NOBODY, A. Amistad de todos y de ninguno, todo es uno. Amigo de muchos, amigo de ninguno.

FRIEND. A FAIR WEATHER FRIEND. Amigo de buen tirmpo, múdase con el viento.

FRIEND IN NEED IS A FRIEND INDEED, A. Los amigos se demuestran en las ocasiones. Al buen amigo le prueba el peligro. En la necesidad se prueba la amistad.

FRIEND IN THE MARKET IS BETTER THAN MONEY IN THE CHEST, A. Más vale amigo en la plaza que dineros en el arca.

FRIEND IS NOT SO SOON GOTTEN AS LOST, A. Más hay que hacer en saber el amigo conservar que en saberle alcanzar.

FRIEND IS NEVER KNOWN TILL A MAN HAVE NEED, A. Los amigos ciertos son los probados en hechos.

FRIEND IS ANOTHER SELF, A. El buen amigo es otro yo.

FRIENDS ARE MADE IN WINE AND PROVED IN TEARS. Amiguitos por probar, meloncitos por calar.

FRIENDS HAVE FAITH IN EACH OTHER, LIFE AND DEATH ARE OF NO CONSEQUENCE. Amistad fuerte llega más allá de la muerte.

FRIENDS TIE THEIR PURSE WITH A COBWED THREAD. Entre amigos verdaderos no se miran los dineros.

FRIENDSHIP CANNOT STAND ALWAYS ON ONE SIDE. Amigo que no da y cuchillo que no corta, aunque se pierdan no importa.

FRIENDSHIP INCREASES IN VISITING FRIENDS, BUT IN VISITING THEM SELDOM. Al amigo y al caballo, no cansallo. A casa de tu tía, mas no cada día.

FRIENDSHIP IS A PLANT WHICH MUST BE OFTEN WATERED. Más hay que hacer en saber el amigo conservar que en saberlo alcanzar.

FRIENDSHIP, THE OLDER IT GROWS, THE STRONGER IT IS. Amigo viejo vale más que dinero.

FRIER PREACHED AGAINST STEALING, AND HE HAD A GOOSE IN HIS SLEEVE, THE. El fraile predicaba que no debía hurtar y el tenía en el cepillo un ansar.

FRIGHT A BIRD IS NOT THE WAY TO CATCH HER, TO. Quien pájaro ha de tomar, no lo ha de espantar.

FROG CANNOT OUT OF HER BOG, THE. La zorra mudará los dientes, mas no las mientes.

FROM A CHOLERIC MAN WITHTDRAW A LITTLE, FROM HIM THAT SAYS NOTHING

FOR EVER. Guárdate de hombre que no habla y de can que no ladra.

FROM WORD TO DEED IS A GREAT SPACE. Del dicho al hecho hay gran trecho.

FRYING - PAN SAID TO THE KETTLE; ` AVAUNT, BLACK BROWS'. Dijo el cazo a la caldera : << Quítate allá, tiznera>>

FULL BELLY NEITHER FIGHTS NOR FLIES WELL, A. Tripa llena, ni bien huye, ni bien pelea.

FULL OF COURTESY, FULL OF CRAFT. Manos besa el hombre que quisiera ver cortadas.

# G

GAMING, WOMEN AND WINE, WHILE THEY LAUGH, THEY MAKE MEN PINE. El juego, la mujer y el vino, sacan al hombre de tino.

GAMESTERS AND RACE - HORSES NEVER LAST LONG. Al hombre jugador y al caballo corredor poco les dura el honor.

GATHER YOUR ROSEBUDS WHILE YOU MAY. Abre el ojo, que asan carne.

GIFTS BREAK THROUGH STONE WALLS. Dádivas quebrantan peñas.

GIVE A CLOWN YOUR FINGER, AND HE WILL TAKE YOUR HAND. Al villano, dale el pie y se tomará la mano.

GIVE A DOG A BAD GAME AND HANG HIM. Calumnia, que algo queda.

GIVE HIM AN INCH, AND HE WILL TAKE AN ELL. Al villano, dadle el dedo, y se tomará la mano.

GIVE KNAVES AN INCH AND THEY WILL TAKE A YARD. Fácilmente el villano pásase del pie a la mano.

GIVE A LIE TWENTY - FOURS′ START AND YOU CAN NEVER OVERTAKE IT. Calumnia, que algo queda.

GIVE AND TAKE. Dame y te daré.

GIVE THE DEVIL HIS DUE, TO. Hay que reconocer los méritos de cada persona.

GIVE A THING AND TAKE A THING, TO WEAR THE DEVIL'S GOLD RING. Santa Rita Rita lo que se da no se quita.

GLUTTONY KILLS MORE THAN THE SWORD. Más gente ha matado la gula que la espada.

GO TO BED WITH THE LAMB, AND RISE WITH THE LARK. Quien quisiere vivir sano, levántese y acuéstese temprano.

GOD. ALL MUST BE AS GOD WILL. Viene lo que Dios quiere.

GOD. ALL THINGS ARE POSSIBLE WITH GOD. Cuando Dios quiere, hace sol y llueve.

GOD COMES WITH LEADEN FEET, BUT STRIKES WITH IRON HANDS. Dios retarda su justicia pero no la olvida.

GOD COMPLAINS NOT, BUT DOES WHAT IS FITTING. Dios no se queja, mas lo suyo no deja

GOD DEFEND ME FROM MY FRIENDS; FROM MY ENEMIES I CAN DEFEND MYSELF. Dios me libre de mis amigos, que de mis enemigos me libro yo. Del agua mansa me libre Dios, que de la brava me libro yo.

GOD FORGIVES SINS, OTHERWISE HEAVEN WILL BE EMPTY. Dios perdona los pecados, sino el cielo estaría vacío.

GOD GIVES THE GRAIN, BUT WE MUST MAKE THE FURROW. Dios te ponga donde haya, que lo demás tu lo harás.

GOD GIVES THE MILK, BUT NOT THE PAIL. La aceituna la da Dios; el aceite no.

GOD HEALS, AND THE PHYSICIAN HAS THE THANKS. Dios da la curación y el médico se lleva el doblón.

GOD HELP US IN DANGER. Que Dios nos ayude en los peligros.

GOD HELPS THEM THAT HELP THEMSELVES. A Dios rogando y con el mazo dando. Ayúdate y te ayudaré.

GOD HELPS THOSE WHO HELP THEMSELVES. Dios da de comer al que gana para almorzar. A Dios rogando y con el mazo dando. Ayúdate y te ayudaré.

GOD IS ABOVE ALL. Sobre Dios no hay señor, ni sobre la sal hay sabor.

GOD IS A SURE PAYMASTER. Dios no paga al contado, pero todo lo que debe queda pagado. Dios es buen pagador.

GOD KNOWS WELL WHICH ARE THE BEST PILGRIMS. Dios sabe el que le sirve.

GOD MAKES AND MAN SHAPES. Dios hizo el tiempo y nosotros hacemos las horas. Dios es criador, que no regador.

GOD MAKES THE BACK FOR THE BURDEN. Dios da la carga según las espaldas.

GOD MADE THE COUNTRY, AND MAN MADE THE TOWN. Dios hizo el tiempo y nosotros hacemos las horas.

GOD MADE THE EARTH BUT THE DUTCH MADE HOLLAND. Dios hizo el mundo, y los holandeses Holanda.

GOD MOVES IN A MYSTERIOUS WAY. Los designios de Dios son inescrutables.

GOD OFTEN PROVES US BUT NEVER BEYOND OUR CAPACITY. Dios aprieta, pero no ahoga.

GOD SENDS CORN AND THE DEVIL MARS THE SACK. Cuando Dios da la harina, el Diablo se lleva la quilma.

GOD SENDS FORTUNES TO FOOLS. A los bobos, a bobas y a tontas se les vienen los bienes.

GOD SENDS GOOD LUCK AND GOD SENDS BAD. A quien Dios quiere para rico, hasta la mujer le pare hijos de otros.

GOD SENDS MEAT AND THE DEVIL SENDS COOKS. Dios lo da y el diablo lo guisará.

GOD STAYS LONG, BUT STRIKES AT LAST. Dios retarda su justicia, pero no la olvida.

GOD STRIKES WITH HIS FINGER AND NOT WITH ALL HIS ARM. Dios aprieta, pero no ahoga.

GOD TEMPERS THE WIND TO THE SHORN LAMB. Dios, que da la llaga, da la medicina.

GOD SENDS COLD AFTER CLOTHES. A cada uno da Dios frío según va vestido.

GOD. THE MILLS OF GOD GRIND SLOWLY, YET THE GRIND EXCEEDING SMALL. Dios retarda su justicia, pero no la olvida.

GOD WARE WILL NEVER WANT A CHAPMAN. El buen paño en el arca se vende.

GOD. WHEN GOD WILL, NO FROST CAN KILL. Lo ordenado en el cielo, forzoso se ha de cumplir en el suelo.

GOD. WHEN GOD WILL, NO WIND BUT BRINGS RAIN. Cuando Dios quiere, con todos vientos llueve.

GOD. WHEN IT PLEASES NOT GOD, THE SAINT CAN DO LITTLE. Cuando Dios no quiere, los santos no pueden.

GOD. WHOM GOD LOVES, HIS BITCH BRINGS FORTH PIGS. A quien Dios quiere bien, la perra le pare lechones. A quien Dios quiere bien, el viento le junta la leña.

GOD'S HELP IS BETTER THAN EARLY RISING. Más vale a quien Dios ayuda que al que mucho madruga.

GODS SEND NUTS TO THOSE WHO HAVE NO TEETH, THE. Dios da nueces a quien no tiene dientes.

GOLDEN AGE WAS NEVER THE PRESENT AGE, THE. No hay hijo como su padre ni padre como su abuelo. Cualquier tiempo pasado fue mejor.

GOLDEN KEY OPENS EVERY DOOR, A. Poderoso caballero es don dinero.

GOOD BEGINNING MAKES A GOOD ENDING, A. Del bien empezar nace el bien acabar.

GOOD BROTH MAY BE MADE IN AN OLD POT. Casa que a viejo no sabe, poco vale.

GOOD CHEAP IS DEAR. Lo barato es caro.

GOOD CLOTHES OPEN ALL DOORS. Buen vestido y buen semblante todas las puertas abre.

GOOD CONSCIENCE IS A SOFT PILLOW, A. La mejor almohada es la conciencia sana.

GOOD CONSCIENCE MAKES AN EASY COUCH, A. La mejor almohada es la conciencia sana.

GOOD COUNSEL HAS NO PRICE. Al buen consejo, no le hallo precio.

GOOD DEED IS NEVER LOST, A. Una buena obra nunca se pierde.

GOOD DOG DESERVES A GOOD BONE. A. El burro que más trabaja merece más cebada y paja.

GOOD EXAMPLE IS THE BEST SERMON, A. No es lo mismo predicar que dar trigo. No hay predicador tan persuasivo como fray ejemplo. Cacarear y no poner huevos cada día lo vemos.

GOOD FACE IS A LETTER OF RECOMMENDATION, A. La buena cara es carta de recomendación.

GOOD FAME IS BETTER THAN A GOOD FACE. Más vale buena fama que buena cara.

GOOD FENCES MAKE GOOD NEIGHBOURS. Para conservar amistad, pared por el medio.

GOOD FINDS GOOD. Vase el bien al bien, y las abejas a la miel.

GOOD FOR THE LIVER MAY BE BAD FOR THE SPLEEN. Con lo que sana el higado, enferma el bazo. Con lo que Sancho sana, Domingo adolece.

GOOD FRIEND IS MY NEAREST RELATION, A. No hay pariente tal, como el amigo en el mal.

GOOD FRIEND NEVER OFFENDS, A. El trigo, de buen dar y tomar; el amigo, de bien decir y obrar. El amigo verdadero, ni contra tu honra ni contra tu dinero.

GOOD HAND, GOOD PAYMENT. El obrero es digno de su salario.

GOOD HUSBAND MAKES A GOOD WIFE, A. El buen marido hace buena mujer.

GOOD IS GOOD, BUT BETTER CARRIES IT. La blancura de la nieve hace al cisne negro.

GOOD IS TO BE SOUGHT OUT AND EVIL ATTENDED. Al bien, buscarlo, y al mal, esperarlo.

GOOD LIFE MAKES A GOOD DEATH, A. Quie bien vive, bien muere.

GOOD MARKSMAN MAY MISS, A. Al mejor cazador se le va la liebre.

GOOD MASTER, A GOOD SCHOLAR, A. A buen capellán, mejor sacristán.

GOOD NAME IS BETTER THAN RICHES. El buen nombre vale más que toda la riqueza al hombre.

GOODNESS IS BETTER THAN BEAUTY. Hermosura duradera, la de las almas buenas.

GOOD NAME IS SOONER LOST THAN WON, A. Cobra buena fama, y échate a dormir, y mira no te duermas porque no la pierdas.

GOOD NEWS IS NO NEWS. Las buenas noticias no interesan.

GOOD NEWS MAY BE TOLD AT ANY TIME, BUT ILL IN THE MORNING. La buena nueva en hora cualquiera; la mala, por la mañana.

GOOD PAYER IS MASTER OF ANOTHER´S PURSE, A. El buen pagador es señor de lo ajeno.

GOOD RIDING AT TWO ANCHORS, MEN HAVE TOLD, FOR IF ONE BREAK THE OTHER MAY HOLD. La nave está más segura con dos anclas que con una.

GOOD SWIMMERS ARE OFTEN DROWNED. El mejor nadador es el que se ahoga. Al mejor nadador se lo lleva la corriente.

GOOD TONGUE IS A GOOD WEAPON, A. Una cabeza con lengua vale el doble que sin ella.

GOOD TREE BRINGS FORTH GOOD FRUIT, A. De buena casa, buena brasa.

GOOD WARE WILL NEVER WANT A CHAPMAN. El buen paño en el arca se vende.

GOOD WINE ENGENDERS GOOD BLOOD. Buen vino cría buena sangre.

GOOD WINE NEEDS NO BUSH. El buen vino no ha menester pregón. El buen vino no ha menester ramo.

GOOD WORD COSTS NO MORE THAN A BAD ONE, A. El buen decir no cuesta más que la necedad.

GOOD WORDS COOL MORE THAN COLD WATER. Las buenas palabras untan; las malas, punzan.

GOOD WORDS COST NOUGHT. Cortesía de boca, mucho vale y poco costa.

GOOD WORDS FILL NOT A SACK. Obras hechos son; las palabras, vana conversación.

GOODS WORDS WITHOUT DEEDS ARE RUSHES AND REEDS. Obras vea yo; palabras no. Obras son amores y no buenas razones. Cacarear y no poner huevos cada día lo vemos.

GOODNESS IS BETTER THAN BEAUTY. Hermosura sin bondad, más que un bien es un mal. Beldad y hermosura, poco dura; más vale la virtud y la cordura.

GOODNESS IS NOT TIED TO GREATNESS, BUT GREATNESS TO GOODNESS. No todo lo grande es bueno, mas todo lo bueno es grande.

GOOSE, GANDER AND GOSLING ARE THREE SOUNDS, BUT ONE THING. Olivo y aceituno, todo es uno.

GRAIN BY GRAIN, AND THE HEN FILLS HER BELLY. Grano a grano, hincha la gallina el papo. Gota a gota, el mar se agota. Poco a poco hila la vieja el copo.

GRASP ALL, LOSE ALL. La avaricia rompe el saco. Hombre avariento, por uno pierde ciento. El avariento, por no perder un real, pierde ciento.

GRASS ALWAYS LOOKS GREENER ON THE OTHER SIDE OF THE FENCE, THE. La cabra de mi vecina, más leche da que la mía. La gallina de mi vecina pone más huevos que la mía. La gallina de mi vecina siempre es más gorda que la mía. El vino del vecino, ése si que es buen vino.

GRASS AND HAY, WE ARE ALL MORTAL. Toda carne es como heno, y toda su gloria, como flor de heno.

GRAVES ARE OF ALL SIZES. A la fosa, lo mismo que la vieja va la moza.

GREAT ALMSGIVING LESSENS NO MAN´S LIVING. El dar limosna nunca amengua la bolsa.

GREAT AND THE LITTLE HAVE NEED ONE OF ANOTHER, THE. No es tan gruesa la gallina, que no haya menester a su vecina.

GREAT BOAST, SMALL ROAST. Mucho aparato, y poca tajada en el plato.

GREAT BRAGGERS, LITTLE DOERS. Muchos se ufanan, pero pocos se afanan.

GREAT CITY, A GREAT SOLITUDE, A. Grande ciudad, grande soledad.

GREAT FORTUNE BRINGS WITH IT GREAT MISFORTUNE. No hay suerte que venga, que achaque no tenga.

GREAT GIFTS ARE FOR GREAT MEN. A gran huésped gran plato.

GREAT OAKS FROM LITTLE ACORNS GROW. De una nuez chica, gran árbol de noguera.

GREAT STROKES MAKE NOT SWEET MUSIC. Más vale maña que fuerza.

GREAT TALKERS FIRE TOO FAST TO TAKE AIM. Hablar sin pensar es tirar sin apuntar.

GREAT TREES ARE GOOD FOR NOTHING BUT SHADE. Arbol copudo da sombre aunque no de fruto.

GREAT TREES KEEP DOWN THE LITTLE ONES. Barbas mayores quitan menores.

GREATEST TALKERS ARE THE LEAST DOERS, THE. El gato maullador, nunca buen cazador. Cacarear y no poner huevos cada día lo vemos.

GREATER GRIEF DRIVES OUT THE LESS, THE. Un clavo saca a otro clavo.

GREATEST STEP IS THAT OUT OF DOORS, THE. Hasta salir the casa, es la peor jornada.

GREEDY EATERS DIG THEIR GRAVES WITH THEIR TEETH. Quien come de más, menos tiempo comerá.

GREEDY MAN AND THE CHEAT ARE SOON AGREED, THE. Juntáronse el codicioso y el tramposo.

GREEN WOUND IS SOON HEALED, A. A males nuevos, buscarles remedio, antes de que se hagan viejos.

GREEN YULE MAKES A FAT CHURCHYARD, A. Hasta el cuarenta de mayo no te quites el sayo.

GRIEF IS LESSENED WHEN IMPARTED TO OTHER. Quien calladamente arde, más se quema.

GROUND SWEAT CURES ALL DISORDERS, A. No hay mal tan fuerte que no lo cure la muerte.

GROWING YOUTH HAS A WOLF IN HIS BELLY, A. Mozo creciente, lobo en el vientre.

GUILTY CONSCIENCE FEELS CONTINUAL FEAR, A. Al que mal vive, el miedo le sigue.

GUILTY CONSCIENCE NEEDS NO ACCUSER, A. La propia conciencia acusa.

GUNNER TO HIS LINSTOCK, AND THE STEERSMEN TO THE HELM, THE. Cada puerta anda bien en su quicio y cada uno en su oficio.

GUT NO FISH TILL YOU GET THEM. No vendas la piel del oso antes de cazarlo.

GUTS UPHOLD THE HEART, AND NOT THE HEART THE GUTS, THE. Tripas llevan corazón, que no corazón tripas.

# H

HABIT IS A SECOND NATURE. La costumbre es otra naturaleza.

HALF A WORD IS ENOUGH FOR A WISE MAN. Al buen entendedor con pocas palabras bastan.

HALF AN EGG IS BETTER THAN AN EMPTY SHELL. Más vale algo que nada.

HALF A LOAF IS BETTER THAN NO BREAD. Más vale algo que nada.

HALF THE TRUTH IS OFTEN A WHOLE A LIE. La verdad a medias es mentira verdadera.

HAND THAT GIVES, GATHERS, THE. Para recoger, hay que sembrar.

HARD WORDS BREAK NO BONES. Palabras no rompen hueso.

HARES MAY PULL DEAD LIONS BY THE BEARD. No habiendo enemigo enfrente, todo el mundo es valiente.

HASTE IS A FOOL'S PASSION. Es pasión de necios la prisa.

HASTE MAKES WASTE. Quien echa agua en la garrafa de golpe, más derrama que en ella coge.

HASTE TRIPS OVER ITS OWN HEELS. Poco a poco se va lejos y corriendo a mal lugar.

HASTY CLIMBERS HAVE SUDDEN FALLS. Vete despacio si tienes prisa.

HASTY WORK, DOUBLE WORK. Buena es la tardanza que hace la carrera segura.

HAVE A HORSE OF YOUR OWN AND THEN YOU MAY BORROW ANOTHER'S. Caballo, mujer y escopeta son prendas que no se prestan.

HAVE THE FRENCHMAN FOR THY FRIEND, NOT FOR THY NEIGHBOUR. El francés sería buen amigo, si no fuera mal vecino.

HAVE THE LUCK OF THE DEVIL, TO. Todos los granujas tienen suerte, todos los pillos tienen suerte, tener más suerte que siete viejas, tener más suerte que mil demonios.

HAWKS WILL NOT PICK OUT HAWK'S EYES. Cuervo con cuervo no se quitan los ojos.

HE FASTS ENOUGH THAT HAS HAD A BAD MEAL. Bien ayuna quien mal come.

HE GRIEVES SORE WHO GRIEVES ALONE. Quien calladamente arde, más se quema.

HE HAS A CLOAK FOR HIS KNAVERY. Una buena capa, todo lo tapa.

HE IS AN ASS THAT BRAYS AGAINST ANOTHER ASS. Rebuznar en balde el uno y el otro alcalde.

HE IS A FOOL THAT KISSES THE MAID WHEN HE MAY KISS THE MISTRESS. Quien camina a pie y tiene burro, más burro es que el burro.

HE IS A FOOL THAT THINKS NOT THAT ANOTHER THINKS. Mal piensa el que piensa que otro no piensa.

HE IS FREE OF FRUIT THAT WANTS AN ORCHARD. Dar santo y bueno, pero del pan ajeno.

HE IS FREE OF HORSE THAT NEVER HAD ONE. De cuero ajeno, correas largas.

HE IS NOT THE FOOL THAT THE FOOL IS, BUT HE THAT THE FOOL DEALS. Necio es, y más que necio, quien a necio pide consejo. Necio es quien con necios anda.

HE IS NOT POOR THAT HAS LITTLE, BUT HE THAT DESIRES MUCH. Rico eres de bienes si te bastan los que tienes.

HE IS NOT RICH THAT POSSESSES MUCH, BUT HE THAT IS CONTENT WITH WHAT HE HAS. No es rico el que más ha, mas el que menos codicia.

HE IS NOT WISE, WHO IS NOT WISE FOR HIMSELF. No es sabio él que para sí no sabe.

HE IS RICH ENOUGH THAT WANTS NOTHING. Rico eres de bienes si te bastan los que tienes.

HE IS UNWORTHY WHO LIVES ONLY FOR HIMSELF. Juan Palomo: Yo me lo guiso y yo me lo como.

HE LAUGHS BEST WHO LAUGHS LAST. Quien ríe el último, ríe mejor.

HE MUST RISE EARLY THAT WILL CHEAT THE DEVIL. Quien al diablo ha de engañar, muy de mañana se ha de levantar.

HE PRAISES WHO WISHES TO SELL. Alabarte debo; que venderte quiero.

HE PREACHES WELL THAT LIVES WELL. Bien predica quien bien vive.

HE SHOULD HAVE A LONG SPOON THAT SUPS WITH THE DEVIL. Quien con el diablo haya de comer, larga cuchara ha menester.

HE THAT BELIEVES ALL, MISSES; HE THAT BELIEVES NOTHING, MISSES. Quien a todos cree, yerra; quien a ninguno, no acierta.

HE THAT BLAMES WOULD BUY. Quien desprecia comprar quiere.

HE THAT DECEIVES ME ONCE, SHAME FALL HIM; IF HE DECEIVES ME TWICE, SHAME FALL ME. Daño es ser engñado una vez, dos, necedad es. A quien me engaña una vez, fáltele Dios, y ayúdele si dos.

HE THAT DOES ILL, HATES THE LIGHT. Quien mal hace, luz no quiere.

HE THAT FIGHTS AND RUNS AWAY MAY LIVE TO FIGHT ANOTHER DAY. Huír cuando es menester, con honra se puede hacer.

HE THAT GIVES THEE A BONE, WOULD NOT HAVE THEE DIE. Quien te da un hueso, no te querrá ver muerto.

HE THAT GIVES TO BE SEEN, WILL RELIEVE NONE IN THE DARK. Caridad con trompeta no vale una castañeta.

HE THAT HAS WIFE AND CHILDREN HAS GIVEN HOSTAGES TO FORTUNE. El día que me casé buena condena me eché. Cásate, así gozarás de los tres meses primeros y después desearás la vida de soltero.

HE THAT IS BORN A FOOL IS NEVER CURED. Quien asno nació, asno murió.

HE THAT CANNOT ASK, CANNOT LIVE. Quien pregunta, no yerra.

HE THAT CANNOT BEAT THE ASS, BEATS THE SADDLE. La culpa del asno echarla a la albarda.

HE THAT CANNOT OBEY, CANNOT COMMAND. No sabe mandar quien no sabe obedecer.

HE THAT CEASES TO BE A FRIEND, NEVER WAS A GOOD ONE. Quien deja de ser amigo, jamás lo ha sido.

HE THAT COMES FIRST TO THE HILL, MAY SIT WHERE HE WILL. Quien madruga antes del día, coge la anguila; quien no madruga tarde llegó. Quien antes nace, primero pace.

HE THAT COMES OF A HEN, MUST SCRAPE. De casta le viene al galgo, el ser rabilargo. De tal palo tal astilla.

HE THAT DOES YOU AN ILL TURN WILL NEVER FORGIVE YOU. Quien ofendió, jamás perdonó.

HE THAT EATS THE KINGS GOOSE SHALL BE CHOKED WITH HIS FEATHERS. Quien come la vaca del rey, a cien años paga los huesos.

HE THAT EATS TILL HE IS SICK, MUST FAST TILL HE IS WELL. Comer hasta enfermar y ayunar hasta sanar.

HE THAT FALLS TODAY MAY RISE TOMORROW. No hay bien ni mal que dure cien años.

HE THAT FEARS DEATH LIVES NOT. Quien teme la muerte no goza la vida.

HE THAT FEARS EVERY BUSH MUST NEVER GO A-BIRDING. Al bosque no vaya quien de las hojas miedo haya.

HE THAT FEARS LEAVES, LET HIM NOT GO INTO THE WOOD. Al bosque no vaya quien de las hojas mido haya.

HE THAT FEARS YOU PRESENT WILL HATE YOU ABSENT. Delante hago acato, y por detras al rey mato.

HE THAT FIGHTS AND RUNS AWAY MAY LIVE TO FIGHT ANOTHER DAY. El valiente que hoy huye, otra vez peleará.

HE THAT FORECASTS ALL PERILS, WILL NEVER SAIL THE SEA. Los cobardes y los ruines miran demasiado los fines.

HE THAT GIVES HIS GOODS BEFORE HE BE DEAD, TAKE UP A MALLET AND KNOCK HIM ON THE HEAD. El que da lo suyo antes de la muerte merece que le den con un mazo en la frente.

HE THAT GOES FAR, HAS MANY ENCOUNTERS. Quien mucho ha de andar, mucho ha de probar.

HE THAT HAS A FULL PURSE NEVER WANTED A FRIEND. No hay tal amigo como el real en la bolsa.

HE THAT HAS AN ILL NAME IS HALF HANGED. Calumnia, que algo queda.

HE THAT HAS BUT FOUR AND SPENDS FIVE, HAS NO NEED OF A PURSE. Quien tiene cuatro y gasta cinco, no ha menester bolsillo.

HE THAT HAS LOST HIS CREDIT, IS DEAD TO THE WORLD. Quien la fama ha perdido, muerto anda en la vida.

HE THAT HAS NO GOOD TRADE, IT IS TO HIS LOSS. En casa del oficial, asoma el hambre, mas no osa entrar.

HE THAT HAS NO MONEY NEEDS NO PURSE. Quien tiene cuatro y gasta cinco, no ha menester bolsico.

HE THAT HAS NO WIFE BEATS HER OFTEN. El que no tiene mujer, bien la castiga; y el que no tiene hijos, bien los cría.

HE THAT HAVE A GOOSE, WILL GET A GOOSE. Dinero llama a dinero.

HE THAT IS BORN A FOOL IS NEVER CURED. Quien tonto nace, tonto se muere.

HE THAT IS BORN TO BE HANGED, SHALL NEVER BE DROWNED. Unos nacieron para moler y otros para ser molidos. La oveja que ha ser del lobo es fuerza que lo sea.

HE THAT IS ONCE BORN, ONCE MUST DIE. De la cuna se sigue la sepultura.

HE THAT IS SILENT, GATHERS STONES. Quien calla, piedras apaña.

HE THAT KEEPS ANOTHER MAN'S DOG, SHALL HAVE NOTHING LEFT HIM BUT THE LEAD. Quien da pan a perro ajeno, pierde pan y pierde perro.

HE THAT LABOURS AND THRIVES, SPINS GOLD. Quien bien trabaja, bien come, y su casa alhaja. Quien trabaja, come, y buena ropa se pone.

HE THAT LEARNS A TRADE HAS A PURCHASE MADE. En casa del oficial, asoma el hambre, mas no osa entrar.

HE THAT LIVES ILL, FEAR FOLLOWS HIM. A quien mal vive, su miedo le sigue. Quien la hace, la tcme.

HE THAT LIES LONG ABED, HIS STATE FEELS IT. El molinero andando gana, que no estándose en la cama.

HE THAT LOOKS IN A MAN´S FACE KNOWS NOT WHAT MONEY IS IN HIS PURSE. Las apariencias engañan.

HE THAT LIVES IN HOPE DANCES TO AN ILL TUNE. Quien espera en la esfera, muere en la rueda.

HE THAT LOOKS NOT BEFORE, FINDS HIMSELF BEHIND. Mira adelante y no caerás atrás.

HE THAT LOVES THE TREE, LOVES THE BRANCH. El que quiere la col quiere las hojas de alrededor. Quien bien quiere a Beltrán, bien quiere a su can.

HE THAT MAKES HIMSELF A SHEEP, SHALL BE EATEN BY THE WOLF. Hazte cordero y te comerán los lobos.

HE THAT MARRIES LATE, MARRIES ILL. Quien tarde casa, mal casa.

HE THAT MEASURES OIL SHALL ANOINT HIS FINGERS. Quien el aceite mesura, las manos se unta.

HE THAT NEVER ATE FLESH, THINKS A PUDDING IS A DAINTY. En estómago villano, no cabe el pavo.

HE THAT NEVER CLIMBED NEVER FELL. Quien anda es quien tropieza, y no el que está en cama a pierna tiesa.

HE THAT NOTHING QUESTIONS, NOTHING LEARNS. Ignorar para preguntar y preguntar para saber, eso es aprender.

HE THAT PLAYS HIS MONEY OUGHT NOT TO VALUE IT. El que pone al juego sus dineros, no ha de hacer cuentas de ellos.

HE THAT PROMISES TOO MUCH, MEANS NOTHING. Quien todo lo da, todo lo niega.

HE THAT RISES LATE MUST TROT ALL DAY. Quien tarde se levanta, todo el día trota.

HE THAT RUNS IN THE DARK MAY WELL STUMBLE. Quien busca el peligro, en el perece.

HE THAT SERVES WELL NEEDS NOT ASK FOR HIS WAGES. Quien a buen señor sirve con servicio leal, buena soldada prende y no otra cosa.

HE THAT SOWS VIRTUE, REAPS FAME. Quien siembra virtud, coge fama.

HE THAT SPEAKS ILL OF THE MARE WOULD BUY HER. Quien desprecia, comprar quiere.

HE THAT SPEAKS LAVISHLY SHALL HEAR AS KNAVISHLY. Quien dice lo que no debe, oye lo que no quiere.

HE THAT SPEAKS THE THING HE SHOULD NOT, HEARS THE THING HE WOULD NOT. Quien dice lo que no debe, oye lo que no quiere.

HE THAT STAYS IN THE VALLEY, SHALL NEVER GET OVER THE HILL. Quien no se aventura, no pasa la mar. La audacia ayuda a la fortuna.

HE THAT STRIKES WITH HIS TONGUE, MUST WARD OFF BLOWS WITH HIS HEAD. No diga la lengua, por do pague la cabeza.

HE THAT STUMBLES TWICE OVER A STONE, DESERVES TO BREAK HIS SHINS. Quien en una piedra dos veces tropieza, no es maravilla que se quiebre la cabeza. Burro que tropieza dos veces en el mismo canto, es burro doblado.

HE THAT LIVES LONG SUFFERS MUCH. A más vivir, más sufrir.

HE THAT MARRIES FOR WEALTH, SELLS HIS LIBERTY. En casa de la mujer rica, ella manda y el obedece.

HE THAT PRIES INTO EVERY CLOUD, MAY BE STRICKEN WITH THUNDERBOLT. Muchas veces, el que escarba, lo que no quiere halla. Escarbó el gallo y descubrió el cuchillo para matarlo.

HE THAT REPAIRS NOT A PART, BUILDS ALL. El que no acude a la gotera, acude a la casa entera.

HE THAT RISES FIRST, IS FIRST DRESSED. El primero que llega, ese la calza.

HE THAT SOWS THISTLES SHALL REAP PRICKLES. Quien siembra vientos recoge tempestades.

HE THAT SPEAKS ILL OF THE MARE WOULD BUY HER. Quien dice mal de la yegua, ése la merca. El que dice mal de la yegua, ése se la lleva.

HE THAT STEALS HONEY, SHOULD BEWARE OF THE STING. Quien coger miel quiera, guárdese de las abejas.

HE THAT TELLS A SECRET, IS ANOTHER'S SERVANT. A quien dices tu secreto, das tu libertad y estás sujeto.

HE THAT WILL BE RICH BEFORE NIGHT, MAY BE HUNGED BEFORE NOON. Quien en un año quiere ser rico, al medio lo ahorcan.

HE THAT WILL CHEAT AT PLAY, WILL CHEAT YOU ANYWAY. A las personas se las conocen en el juego.

HE THAT WILL DECEIVE THE FOX MUST RISE EARLY. Para un madrugador, uno que no se acostó.

HE THAT WILL EAT THE KERNEL, MUST CRACK THE NUT. Quien quiera peces, que se moje el culo.

HE THAT WILL NOT STOOP FOR A PIN, SHALL NEVER BE WORTH A POUND. El que baja lacabeza, es el que menos tropieza.

HE THAT WILL NOT WHEN HE MAY, WHEN HE WILL HE SHALL HAVE NAY. Quien cuando puede no quiere, cuando él querrá no podrá.

HE THAT WILL STEAL A PIN, WILL STEAL A BETTER THING. El ladrón, de la aguja al güevo, del güevo al buey, del buey a la horca.

HE THAT WILL STEAL AN EGG, WILL STEAL AN OX. El ladrón, de la aguja al güevo, del güevo al buey, del buey a la horca.

HE THAT WOULD BE OLD LONG, MUST BE EARLY. Quien quisiere ser mucho tiempo viejo, coméncelo presto.

HE THAT WOULD HAVE EGGS MUST ENDURE THE CAKLING HENS. Si quieres el huevo, sufre la gallina.

HE THAT WOULD HAVE THE FRUIT, MUST CLIMB THE TREE. El que quiera peces que se moje el culo.

HE THAT WOULD LEARN TO PRAY, LET HIM GO TO SEA. Quien anda por la mar, aprende a rezar.

HE THAT WOULD SAIL WITHOUT DANGER, MUST NEVER COME ON THE OPEN SEA. La mar al más amigo presto le pone en peligro.

HE THAT WOULD THE DAUGHTER WIN, MUST WITH THE MOTHER FIRST BEGIN. Por la peana se adora al santo.

HE WHO BEGINS MANY THINGS, FINISHES BUT FEW. Quien mucho abarca, poco aprieta. Muchos ajos en un mortero, mal los maja un majadero.

HE WHO DOES NOT KILL HOGS, WILL NOT GET BLACK PUDDINGS. A quien no mata cerdo no le dan morcilla.

HE WHO DOESN'T GET THE MEAT IS GLAD WITH THE SOUP. A falta de pan, buenas son tortas.

HE WHO ENVIES ADMITS HIS INFERIORITY. Si envidias a un hombre, por inferior a él te reconoces.

HE WHO EXCUSES HIMSELF ACCUSES HIMSELF. Explicación no pedida, malicia arguye

HE WHO GIVES FAIR WORDS FEEDS YOU WITH AN EMPTY SPOON. Palabra de lisonjero, muchas son y sin provecho. Cacarear y no poner huevos, cada día lo vemos.

HE WHO GOES AGAINST THE FASHION IS HIMSELF ITS SLAVE. Dar coces contra aguijón.

HE WHO HANDLES A NETTLE TENDERLY IS SOONEST STUNG. Coger al toro por los cuernos.

HE WHO HAS AN ART HAS EVERYWHERE A PART. Quien sabe algún arte, come en cualquier parte.

HE WHO HAS THE FRYING-PAN IN HIS HAND TURNS IT AT WILL. El que tiene la sartén por el mango hace y deshace a voluntad.

HE WHO HESITATES IS LOST. La ocasión no admite dilación.

HE WHO HIDES FINDS. Quien guarda, halla.

HE WHO IS WITHOUT SHAME, ALL WORLD IS HIS. Quien no tiene verguenza, toda la calle es suya.

HE WHO IS CONTENT IN HIS POVERTY, IS WONDERFULLY RICH. No es pobre el que poco tiene, sino el que mucho quiere.

HE WHO IS MASTER OF HIS THIRST IS MASTER OF HIS HEALTH. Beber con medida alarga la vida. Quien se entrega a la bebida, poco estima su vida.

HE WHO LEAVES THE FAME OF GOOD WORKS AFTER HIM DOES NOT DIE. Las buenas obras que hizo el hombre conservan su nombre.

HE WHO LIVES IN HOPE, DIES IN DESPAIR. Quien espera, desespera.

HE WHO LIVES BY THE SWORD, DIES BY THE SWORD. El que a hierro mata, a hierro muere.

HE WHO MAKES NO MISTAKES, MAKES NOTHING. El que no carretea es el que no vuelca.

HE WHO PAYS THE PIPER CALLS THE TUNE. Quien paga, manda.

HE WHO PEEPS THROUGH A WHOLE, MAY SEE WHAT VEX HIM. Quien acecha por agujero, ve su duelo.

HE WHO SAYS WHAT HE LIKES SHALL HEAR WHAT HE DOES NOT LIKE. El que dice lo que no debe, oye lo que no quiere.

HE WHO SERVES IS NOT FREE. Quien a otro sirve, no es libre. Quien pueda ser suyo, no sea enajenado.

HE WHO SLEEPS ALL THE MORNING, MAY GO A BEGGING ALL THE DAY AFTER. El que se levanta tarde, ni oye misa ni come carne.

HE WHO WANTS THE WORK BADLY DONE HAS ONLY TO PAY IN ADVANCE. Paga adelantada, paga viciosa.

HE WHO WOULD CLIMB THE LADDER MUST BEGIN AT THE BOTTOM. Escalón a escalón, se sube la escalera a mayor mansión.

HE WHOSE FATHER IS JUDGE, GOES SAFE TO HIS TRIAL. El que tiene padre alcalde, seguro que va al juicio.

HE WRONGS NOT AN OLD MAN THAT STEALS HIS SUPPER FROM HIM. No quiere al viejo mal quien le hurta la cena y le envía a acostar,

HEALTH IS BETTER THAN WEALTH. La salud no tiene precio.

HEALTH AND GAIETY FOSTER BEAUTY. Salud y alegría, belleza cría.

HEALTH IS GREAT RICHES. La salud no tiene precio, y el que la arriesga es un necio.

HEALTH IS NOT VALUED TILL SICKNESS COMES. La salud no es conocida hasta que es perdida.

HEALTH AND MONEY GO FAR. Salud y dinero haya, que lo demás no vale dos habas.

HEALTH WITHOUT MONEY IS HALF AGUE. Poco dinero, poca salud. Poco dinero, poco meneo.

HEALTHFUL MAN CAN GIVE COUNSEL TO THE SICK. Cuando estamos buenos, damos consejos a los enfermos.

HEAR AND SEE AND SAY NOTHING. Ver, oír y callar.

HEAR MUCH, SPEAK LITTLE. Oír ver y callar es la conducta del sabio.

HEAR TWICE BEFORE YOU SPEAK ONCE. Aprended a bien callar, para que sepáis bien hablar.

HEAVEN HELPS THOSE WHO HELP THEMSELVES. A Dios rogando y con el mazo dando.

HEAVEN TAKES CARE OF CHILDREN, SAILORS, AND DRUNKEN MEN. A los niños, los locos y los beodos, Dios los guarda a todos.

HEDGE BETWEEN KEEPS FRIENDSHIP GREEN, A. Para conservar amistad, pared en medio.

HELP YOURSELF AND GOD WILL HELP YOUR. Ayúdate y te ayudaré.

HENS ARE FREE OF HORSE CORN. Repartiendo de lo ajeno, ninguno es cicatero.

HEW NOT TOO HIGH LEST THE CHIPS FALL IN THINE EYE. Cuanto mayor la aventura, tanto es menos segura.

HIDE NOT YOUR LIGHT UNDER A BUSHEL. No hay qur ser muy modesto.

HIGHEST SPOKE IN FORTUNE´S WHEEL, MAY SOON TURN LOWEST, THE. Fortuna y aceituna, a veces mucha y a veces ninguna.

HINDMOST DOG MAY CATCH THE HARE, THE. Al fin vence quien paciencia tiene.

HOIST YOUR SAIL WHEN THE WIND IS FAIR. Cuando te sople bien el viento, aprovéchalo.

HOMO IS A COMMON NAME TO ALL MEN. De hombre a hombre no hay ninguna diferencia.

HOMER SOMETIMES NODS. Quien tienc boca, se equivoca.

HONEST IS THE CAT WHEN THE MEAT IS OUT OF REACH. Ratones nos dé Dios, y gatos no.

HONESTY IS PRAISED AND STARVES. Denos de comer Dios del cielo; que lo que es honra, harta tenemos.

HONEY CATCHES MORE FLIES THAN VINEGAR. Más moscas se cogen con miel que con hiel.

HONEY TONGUE, A HEART OF GALL, A. Boca de miel y manos de hiel.

HONOUR BUYS NO BEEF IN THE MARKET. Con honra sola no se pone olla.

HONOUR AND EASE ARE SELDOM BEDFELLOWS. Honra y vicio no andan en un quicio.

HONOUR AND PROFIT LIE NOT IN ONE SACK. Honra y provecho no caben bajo el mismo techo.

HONOUR SHOWS THE MAN. A tal señor, tal honor.

HONOUR WIHTOUT PROFIT IS A RING ON THE FINGER. Honra sin provecho, anillo al dedo.

HOPE DEFERRED MAKES THE HEART SICK. Esperanza luenga, esperando desespera. Esperanza que se dilata, aflige el corazón.

HOPE OFTEN DELUDES THE FOOLISH MAN. La esperanza es fruta de necios.

HOPE IS THE POOR MAN'S BREAD. La esperanza es el pan de los míseros y cuitados en afán.

HOPE SPRINGS ETERNAL IN THE HUMAN BREAST. No hay mal que por bien no venga.

HORSE, A WIFE, AND A SWORD MAY BE SHEWED, BUT NOT LENT. Caballo, mujer y escopeta, son prendas que no se prestan.

HOT MAY MAKES A FAT CHURCHYARD, A. Hasta el cuarenta de mayo no te quites el sayo.

HOUSE DIVIDED AGAINST ITSELF CANNOT STAND, A. Casa dividida, casa destruída.

HOW CAN THE FOAL AMBLE IF THE HORSE AND MARE TROT? Parécense los tiestos a la olla de que rompieron.

HUMAN BLOOD IS ALL OF A COLOUR. Lo mismo son sangrías que ventosas. Tanto pesa una libra de lana como una libra de oro.

HUNCHBACK DOES NOT SEE HIS OWN HUMP BUT SEE HIS COMPANION'S, THE. El concorvado no ve su concorva y ve la otra.

HUNDRED DISORDERS HAS OLD AGE, A. En llegando al seis y cero, los abriles se vuelven eneros.

HUNGER IS THE BEST SAUCE. La mejor salsa, la del cazador. Habiendo buena gana, de más está la salsa.

HUNGER BREAKS STONE WALLS. Hambre furiosa no respeta ninguna cosa.

HUNGER AND COLD DELIVER A MAN TO HIS ENEMY. Hambre y frío, meten al hombre por casa de su enemigo.

HUNGER DRIVES THE WOLF OUT OF THE WOOD. El hambre echa al lobo del monte.

HUNGER FINDS NO FAULT WITH THE COOKERY. Al habriento le sabe bien cualquier alimento.

HUNGER MAKES HARD BEANS SWEET. A buen hambre, no hay pan duro.

HUNGER IS SHARPER THAN THE SWORD. El hambre furiosa no respeta ninguna cosa.

HUNGER IS STRONGER THAN LOVE. Por donde entra el hambre, el amor sale.

HUNGRY MAN IS AN ANGRY MAN, A. Hombre con hambre, no sabe lo que hace.

HUNGRY MAN SMELLS MEAT AFAR OFF, A. Quien hambre tiene con pan sueña.

HURRY UP, BUT TAKE YOUR TIME. Date prisa pero no corras.

# I

IDDLE BRAIN IS THE DEVIL'S WORKSHOP, AN. La ociosidad es la madre de todos los vicios.

IDDLE FOLKS LACK NO EXCUSES. A la mala hilandera, la rueca le hace dentera.

IDDLE PERSON IS THE DEVIL'S CUSHION, AN. La ociosidad es la madre de todos los vicios.

IDDLE YOUTH, A NEEDY AGE, AN. Quien no trabaja de pollinejo, trabaja de burro viejo.

IDDLENESS IS THE KEY TO BEGGARY. Pereza, llave de pobreza.

IDDLENESS IS THE ROOT OF ALL EVIL. La ociosidad es la madre de todos los vicios.

I TODAY, YOU TOMORROW. Hoy por mí, mañana por tí.

I WILL GET MY OWN BACK. Arrieritos somos y en el camino nos encontraremos.

IF AN ASS GOES - A - TRAVELLING, HE WILL NOT COME HOME A HORSE. Lo que natura no da, Salamanca no presta. El que tonto va a la guerra, tonto vuelve de ella.

IF AT FIRST YOU DON'T SUCCEED, TRY, TRY AGAIN. Amén, amén, al cielo llega.

IF ENVY WERE A FEVER, ALL MANKIND WOULD BE ILL. Si la envidia fuera tiña, ¡cuántos tiñosos habría!

IF FOLLY WERE GRIEF, EVERY HOUSE WOULD WEEP. Si la locura fuera dolores, en cada casa darían voces.

IF FOOLS WENT NOT TO MARKET, BAD WARES WOULD NOT BE SOLD. Si el necio no fuese al mercado, no se vendería lo malo.

IF FOOLS WORE FEATHERS WE SHOULD SEE A FLOCK OF GEESE. Si los tontos volaran, cuantos tontos volarían. Si volaran los necios, nunca veríamos el cielo.

IF THE BALL DOES NOT STICK TO THE WALL, IT WILL AT LEAST LEAVE A MARK. Calumnia, que algo queda.

IF THE BEARD WERE ALL THE GOAT MIGHT PREACH. En las barbas no reside el talento, sino en el cerebro.

IF IN DOUBT LEAVE OUT. En la duda, abstente.

IF THE BLIND LEAD THE BLIND, BOTH SHALL FALL INTO THE DITCH. Cuando los ciegos guían, ¡Ay de los que van detrás!

IF THE CAP FITS, WEAR IT. Ande you caliente, ríase la gente.

IF THE COCKEREL CROWS BEFORE HE GOES TO BED HE IS SURE TO RISE WITH A WATERY HEAD. Si cantan los gallos entre nueve y diez, el agua cierta es. Cuando el gallo canta y después bebe, pronto truena o llueve.

IF IN EXCESS EVEN NECTAR IS POISON. La quina es buena y santa; pero no tanta. Pelar no es desollar. Cuando es demasiada la cera, quema la iglesia. No alumbremos tanto, que quememos al santo.

IF IN FEBRUARY THERE BE NO RAIN, IT IS NEITHER GOOD FOR HAY NOR GRAIN. Si no lloviere en febrero, ni buen prado, ni buen centeno.

IF JACK IS IN LOVE, HE IS NO JUDGE OF JILL'S BEAUTY. Afición ciega razón. A quien feo ama, hermosa le parece. El deseo hace hermoso lo feo. Corazón apasionado, no quiere ser aconsejado.

IF THE FOOL KNEW HOW TO BE SILENT HE COULD SIT AMONGST THE WISE. Tonto que calla, por sabio pasa. Harto sabe quien no sabe, si callar sabe.

IF A MAN DECEIVES ME ONCE, SHAME ON HIM; IF HE DECEIVES ME TWICE, SHAME

ON ME. El gato escaldado del agua fría huye.

IF A MAN IS A MISER, HE WILL CERTAINLY HAVE A PRODIGAL SON. Guarda el avaro su dinero, para que pompee su heredero.

IF A SHEEP LEADS OVER THE DITCH, ALL THE REST WILL FOLLOW. Ovejas bobas, por do va una, van todas.

IF IT ISIN´T BROKEN, DON´T FIX IT. Mejor no meneallo.

IF ONE WILL NOT, ANOTHER WILL. Los que unos aborrecen, otros lo apetecen.

IF THE LION´S SKIN CANNOT, THE FOX´S SHALL. Donde no llega la piel del león, hay que añadir un poco de la zorra.

IF THE MASTER SAY THE CROW IS WHITE, THE SERVANT MUST NOT SAY IT IS BLACK. Donde hay patrón no manda marinero. La burra se ata donde diga el amo, aunque se ahorque.

IF THE MOUNTAIN WILL NOT COME TO MAHOMET, MAHOMET MUST GO TO THE MOUNTAIN. Si la montaña no viene a Mahoma, Mahoma irá a la montaña.

IF THE OLD DOG BARK, HE GIVES COUNSEL. El perro viejo, si ladra da consejo.

IF THE SKY FALLS WE SHALL CATCH LARKS. Si el cielo se cae, quebrarse han las ollas. Si el cielo se cae, cogernos ha debajo.

IF THERE WERE NO RECEIVERS, THERE WOULD BE NO THIEVES. Si no hubiera compradores, no habría ladrones.

IF THOU HAST NOT A CAPON, FEED ON A ONION. A falta de capón, pan y cebolla.

IF TODAY WILL NOT, TOMORROW MAY. Canta el grillo, canta la rana: lo que no se haga hoy, se hará manana.

IF WISHES WERE THRUSHES, THEN BEGGARS WOULD EAT BIRDS. Si los tontos volaran, cuantos tontos volarían.

IF THE WISE ERRED NOT, IT GO HARD WITH FOOLS. Si el sabio no errase, el necio reventaría.

IF YOU CAN'T BEAT THEM, JOIN THEM. Sino puedes vencerles, súmate a ellos.

IF YOU CANNOT BITE NEVER SHOW YOUR TEETH. Perro ladrador, poco mordedor.

IF YOU DON'T LIKE IT, YOU CAN LUMP IT. Si no quieres taza, taza y media, y la tercera rebosando. Si no te gusta, te aguantas.

IF YOU GIVE A JEST, YOU MUST TAKE A JEST. Donde las dan las toman.

IF YOU HAVE A PHYSICIAN FOR YOUR FRIEND, TIP YOUR HAT AND SEND HIM TO YOUR ENEMY. Si tienes médico amigo, quítate la gorra y envíalo a casa de tu enemigo.

IF YOU HAVE NOT CAPON, FEED ON AN ONION. A falta de pan, buenas son tortas.

IF YOU HAVE NO ENEMIES, IT IS A SIGN FORTUNE HAS FORGOT YOU. No tienes enemigos, porque no vales un higo; procura valer más, y enemigos tendrás. Quien no tiene enemigos, de nadie es conocido.

IF YOU LIE UPON ROSES WHEN YOUNG, YOU´LL LIE UPON THORNS WHEN OLD. La mocedad holgada trae la vejez trabajada.

IF YOU LIE DOWN WITH DOGS, YOU WILL GET UP WITH FLEAS. Dime con quien andas y te diré quien eres. La manzana podrida pudre a su vecina. Quien con perros se acuesta, con pulgas se levanta.

IF YOU LOVE THE TRUNK, YOU CANNOT HATE THE BRANCHES. El que quiere la col quiere las hojas de alrededor. Quien bien quiere a Beltrán, bien quiere a su can.

IF YOU MAKE YOUR WIFE AN ASS, SHE WILL MAKE YOU AN AX. Con la mujer y el dinero no te burles, compañero.

IF YOU PAY NOT A SERVANT HIS WAGES, HE WILL PAY HIMSELF. A escaso señor, artero servidor.

IF YOU PAY PEANUTS YOU GET MONKEYS. Según sea el dinero, será el panadero. Poco dinero, poco meneo.

IF YOU PLAY WITH FIRE YOU GET BURNT. Quien con fuego juega, con fuego se quema.

IF YOU RUN AFTER TWO HARES, YOU WILL CATCH NEITHER. Quien corre tras dos libres ninguna prende.

IF YOU WANT PEACE, YOU MUST PREPARE FOR WAR. Vístete en guerra y ármate en paz. Si vis pacem para bellum. Si quieres la paz prepara la guerra.

IF YOU WISH A DOG TO FOLLOW YOU, FEED HIM. Si quieres que te siga el can, dale pan.

IF YOU WISH GOOD ADVICE, CONSULT AN OLD MAN. Para dar consejos, nadie como un viejo. Buen consejo, el del hombre viejo.

IF YOU WISH TO KNOW A MAN, GIVE HIM AUTHORITY. Cuando el villano está en el mulo, no conoce a Dios ni a ninguno. Cuando el villano está en su burro, no le aguanta ninguno.

IF YOU WON'T WORK YOU SHAN'T EAT. Una ley vino de Roma; que quien no trabaje no coma. En esta vida caduca, el que no trabaja, no manduca.

IF YOU WOULD BE POPE, YOU MUST THINK OF NOTHING ELSE. Si quieres ser Papa, estámpalo en la testa.

IF YOU WOULD BE WELL SERVED, SERVE YOURSELF. Manda y hazlo, y quítarte has de cuidado.

IF YOU WOULD MAKE AN ENEMY, LEND A MAN MONEY, AND ASK OF HIM AGAIN. Quien prestó al amigo, dos cosas hizo: vendió un amigo y compró un enemigo.

IGNORANCE IS THE PEACE OF LIFE. En quien nada sabe, pocas dudas caben.

IGNORANCE OF THE LAW EXCUSES NO MAN. El desconocimiento de la ley no exime de su cumplimiento.

ILL - GOTTEN GOODS THRIVE NOT. Bienes mal adquiridos, a nadie han enriquecido. No te lucres indebidamente; una ganancia mala equivale a una pérdida.

ILL - GOTTEN GOODS NEVER PROSPER. No te lucres indebidamente; una ganancia mala equivale a una pérdida.

ILL GOTTEN, ILL SPENT. Lo mal adquirido se va como ha venido.

ILL MASTER, AN ILL SCHOLAR, AN. Del mal maestro no sale discípulo diestro. Costumbres del mal maestro, sacan al hijo siniestro.

ILL MAY THE KILN CALL THE OVEN BURNT - TAIL. Dijo la sartén a la caldera: quítate allá, culinegra.

ILL NEIGHBOUR IS AN ILL THING, AN. Quien con mal vecino ha de avecinar, con un ojo ha de dormir y con el otro velar.

ILL NEWS COMES APACE. Las malas noticias llegan aprisa.

ILL NEWS IS TOO OFTEN TRUE. Las malas nuevas siempre son verdaderas.

ILL NEWS NEVER COMES LATE. Las malas nuevas corren que se las pelan.

ILL NEWS COMES UNSENT FOR. La mala nueva, por el aire el diablo la lleva.

ILL WEEDS GROW APACE. La mala hierba siempre crece.

IMITATION IS THE SINCEREST FORM OF FLATTERY. La imitación es la forma más sincera de la lisonja.

IN A CALM SEA, EVERY MAN IS A PILOT. No hay mal piloto con tiempo bueno.

IN A FIDDLERS HOUSE ALL ARE DANCERS. En casa del gaitero todos son danzantes.

IN CHURCH, IN AN INN, AND IN A COFFIN, ALL MEN ARE EQUAL. El cuerpo del papa y el del sacristán, en siete pies de tierra cabrán.

IN DOING WE LEARN. La práctica hace maestro.

IN FAIRWEATHER PREPARE FOR FOUL. De sabios es guardarse hoy para mañana.

IN FOR A PENNY, IN FOR A POUND. Preso por mil, preso por mil y quinientos. De perdidos, al río.

IN JEST TRUTH. Bromeando, bromeando, amargas verdades se van soltando.

IN LOVE AND WAR ANYTHING GOES. En la guerra y el amor todo vale. En tiempo de guerra, mil mentiras por mar y tierra.

IN LOVE´S WARS, HE WHO FLIES IS CONQUEROR. Contra el amor es remedio poner mucha tierra en medio.

IN SPORTS AND JOURNEYS MEN ARE KNOWN. En la mesa y en el juego se conoce al caballero.

IN THE COUNTRY OF THE BLIND, THE ONE- EYED MAN IS KING. En tierra de ciegos, el tuerto es rey.

IN THE EYES OF THE LOVER, POCK MARKS ARE DIMPLES. El deseo hace hermoso lo feo. El que feo ama bonito le parece.

IN TIME OF PROSPERITY, FRIENDS WILL BE PLENTY, IN TIME OF ADVERSITY, NOT ONE AMONGST TWENTY. Los amigos son como la sombra: en no luciendo el sol, nos abandonan.

INTO THE MOUTH OF A BAD DOG, OFTEN FALLS A GOOD BONE. Siempre lo verás, al que menos se lo merece siempre se lo dan.

IN WINE THERE IS TRUTH. Después de beber, cada uno da su parecer.

IN WAR, IT IS NOT PERMITTED TWICE TO ERR. Quien dos veces peca en la guerra, mucho yerra,

IT EARLY PRICKS THAT WILL BE A THORN. El cardo que ha de picar, desde el primer momento nace con espinas. La espina cuando nace, la punta lleva delante.

IT IS AN ILL SIGN TO SEE A FOX LICK A LAMB. Juega el gato con el rato, y cómeselo a cabo de rato. Can que mucho lame, saca sangre.

IT IS BETTER TO BE STUNG BY A NETTLE THAN PRICKED BY A ROSE. Más daño hacen amigos necios, que enemigos descubiertos.

IT IS EASY TO BE WISE AFTER THE EVENT. Ciertas son las trazas, después de las desgracias.

IT´S HARDER TO CHANGE HUMAN NATURE THAN CHANGE RIVERS AND MOUNTAINS. El lobo muda de pelo, mas no de celo. Genio y figura hasta la sepultura.

IT IS ILL FISHING BEFORE THE NET. Hasta verlo en la hera, llámale hierba.

IT IS A FOOLISH SHEEP THAT MAKES THE WOLF HIS CONFESSOR. El ánsar de Cantimpalos, que salió al lobo al camino. Nunca a tu enemigo hagas de tu mal testigo.

IT IS A POOR HEART THAT NEVER REJOICES. La pobreza hace al hombre estar en tristeza.

IT IS A SAD HOUSE WHERE THE HEN CROWS LOUDER THAN THE COCK. En casa de Gonzalo, más manda la gallina que el gallo.

IT IS AN ILL DOG THAT DESERVES NOT A CRUST. El obrero es digno de su salario.

IT IS ILL JESTING WITH EDGED TOOLS. Es peligroso fumar delante de la puerta de un polvorín. Jugar con fuego.

IT IS AN ILL WIND THAT BLOWS NOBODY ANY GOOD. No hay mal que por bien no venga.

IT IS BETTER TO PLAY WITH THE EARS THAN THE TONGUE. Oye, ve y calla, y con nadie tendrás batalla.

IT IS ILL PUTTING A SWORD IN A MADMAN'S HAND. Espada en mano del loco, a daño es del que se la dio.

IT IS ILL STRIVING AGAINST THE STREAM. El hueso que Dios te diere, sábelo roer. Lo que no está en tu mano evitar, con paciencia lo has de soportar.

IT IS A BLIND GOOSE THAT COMES TO THE FOX´S SERMON. El ánsar de Cantimpalos, que salió al lobo al camino.

IT IS BETTER TO BE A COWARD FOR A MINUTE THAN DEAD FOR THE REST OF YOUR LIFE. Más vale decir: aquí huyó, que aquí murió. Mejor es que digan, aquí huyó Fulano que aquí le mataron.

IT IS DOGGED THAT DOES IT. La perseverancia toda cosa alcanza. El que la sigue la consigue. Dando, dando, la gotera va horadando. Poco a poco hila la vieja el copo.

IT IS EASIER TO COMMEND POVERTY THAN TO ENDURE IT. No es lo mismo predicar que dar trigo. Quien tiene el estómago lleno, dice: ayunemos. Bien predica quien bien come.

IT IS GOOD SHELTERING UNDER AN OLD HEDGE. Quien a buen árbol se arrima, buena sombre lo cobija.

IT IS GOOD TO HAVE SOME FRIENDS BOTH IN HEAVEN AND HELL. Bueno es tener amigos, aunque sea en el infierno

IT IS GOOD FISHING IN TROUBLED WATERS. A río revuelto, ganancia de pescadores.

IT IS A GOOD ILL THAT COMES ALONE. Bien vengas mal, si vienes solo.

IT IS GOOD TO LEARNT AT OTHER MEN'S COST. A mal paso, pasar postrero.

IT IS A HARD TASK TO BE POOR AND HONEST. La pobreza es la escala del infierno.

IT IS NOT THE BEARD THAT MAKES THE PHILOSOPHER. La barba no hace al sabio: filósofos hay desbarbados; y barbudos necios, siempre los hubo a cientos. La barba no da saber.

IT IS NO TIME TO STOOP WHEN THE HEAD IS OFF. Muerto el burro, la cebada al rabo. A buena hora mangas verdes.

IT IS NO USE CRYING OVER SPILT MILK. A lo hecho, pecho.

IT IS A SILLY FISH THAT IT IS CAUGHT TWICE WITH THE SAME BAIT. Burro que tropieza dos veces en el mismo canto, es burro doblado. Quien en una piedra dos veces tropieza, no es maravilla que se quiebre la cabeza. El hombre es el único animal que tropieza dos veces en la misma piedra.

IT IS EASIER TO PULL DOWN THAN TO BUILD. Más fácil es de la obra juzgar que en ella trabajar.

IT IS ILL HEALING OF AN OLD SORE. Mal que se hizo viejo, se suelta con el pellejo.

IT IS ILL STRIVING AGAINST THE STREAM. Lo que no se puede remediar, se ha de aguantar.

IT IS ILL WAITING FOR DEAD MEN´S SHOES. Es de poco cristiano esperar que alguien se muera para ocupar su puesto.

IT IS NOT THE BURDEN, BUT THE OVER - BURDEN THAT KILLS THE BEAST. No mata al asno la carga, sino la sobrecarga.

IT IS NOT THE GAY COAT THAT MAKES THE GENTLEMAN. No todo el que lleva zamarra es pastor.

IT IS NO SIN TO SELL DEAR, BUT A SIN TO GIVE ILL MEASURE. Pesa justo y vende caro.

IT IS SKILL, NOT STRENGTH, THAT GOVERNS THE SHIP. Maña sube la campana a la torre que no la fuerza de hombre.

IT IS THE PACE THAT KILLS. Las prisas matan.

IT NEEDS MORE SKILL THAN I CAN TELL TO PLAY THE SECOND FIDDLE WELL. Quien sabe obedecer sabrá mandar.

IT IS EASIER FOR A CAMEL TO GO THROUGH THE EYE OF A NEEDLE, THAN FOR A RICH MAN TO ENTER INTO THE KINGDOM OF GOD. Es más fácil para un camello pasar por el coso de una aguja, que para un rico entrar en el reino de los cielos.

IT IS A FOOLISH BIRD THAT SOILS ITS OWN NEST. Pájaro mal nacido es el que se ensucia en el nido.

IT IS GOOD TO FOLLOW THE OLD FOX. El perro viejo si ladra, da consejo.

IT IS A LONG LANE THAT HAS NO TURNING. No hay nublado que dure un año.

IT IS NOT EVERY QUESTION THAT DESERVES AN ANSWER. Preguntas suele haber a las que no se deben responder ni que te las haga la juez.

IT IS THE LAST STRAW WHICH BREAKS THE CAMEL´S BACK. La última gota es la que hace rebosar el vaso.

IT IS TOO LATE TO CALL A YESTERDAY. A lo hecho pecho.

IT IS TOO LATE TO GRIEVE WHEN THE CHANCE IS PAST. A burro muerto, la cebada al rabo.

IT NEVER RAINS BUT IT POURS. Siempre llueve sobre mojado. A perro flaco todo se le vuelven pulgas.

IT TAKES ALL SORTS TO MAKE A WORLD. De todo hay en la viña del Señor.

IT TAKES TWO TO MAKE A QUARREL. Si uno no quiere, dos no pelean.

IT IS ILL SITTING AT ROME AND STRIVING AGANST THE POPE. Toma el tiempo conforme viene, pues otra cosa no puedes.

IT WAS NEVER ILL SAID THAT WAS NOT ILL TAKEN. No hay palabra mal dicha, sino malos entendedores. No habría palabra mala si no fuese mal tomada.

IT WILL BE ALL THE SAME A HUNDRED YEARS HENCE. Dentro de cien años todos calvos.

IT WAS FEAR THAT FIRST PUT ON ARMS. Cargado de hierro, cagado de miedo.

# J

JACK OF ALL TRADES, MASTER OF NONE. Aprendiz de todo, oficial de nada.

JACKDAW ALWAYS PERCHES BY JACKDAW. Dios los cría y ellos se juntan.

JANUARY SPRING IS WORTH NOTHING, A. Enero veranero, ni para el pajar ni para el granero.

JAW - JAW IS ALWAYS BETTER THAN TO WAR - WAR, THE. Antes de armas tomar, todo se ha de tentar.

JEST WITH AN ASS, AND HE WILL FLAP YOU IN THE FACE WITH THE TAIL. Si cantas al asno, te responderá a coces.

JEWS SPEND AT PASSOVER, THE MOORS AT MARRIAGE, THE CHRISTIANS IN LAWSUITS, THE. Judios en pascuas, moros en bodas, cristianos en pleitos gastan sus dineros.

JOY OF THE HEART MAKES THE FACE FAIR, THE. Alegria, belleza cría.

JOY AND SORROW ARE NEXT DOOR NEIGHBOURS. La alegría tiene a la tristeza por vecina. Entre la risa y el llanto no cabe un real de canto. De la risa al duelo un pelo. Pena y alegría, a veces en un mismo día.

JUDGE NOT, THAT YOU BE NOT JUDGED. No juzguéis y no seréis juzgados. Antes de decir de otro << cojo es >>, mírate los pies.

JUMP FROM THE FRYING PAN INTO THE FIRE, TO. Huír del fuego y caer en las brasas. Escapar de Málaga para caer en Malagón.

JUSTICE WILL NOT CONDEMN EVEN THE DEVIL HIMSELF WRONGFULLY. No hay pecado sin pena ni bien sin galardón.

# K

KEEP FLAX FROM FIRE AND YOUTH FROM GAMING. No está bien el fuego junto a las estopas.

KEEP GOOD MEN COMPANY, AND YOU SHALL BE OF THE NUMBER. Allégate a los buenos y serás uno de ellos.

KEEP SOMETHING FOR THE SORE FOOT. A quien con tiempo no guarda, mala vejez le aguarda.

KEEP SOMETHING FOR A RAINY DAY. Guarda para cuando no hay.

KEEP YOUR MOUTH SHUT AND YOUR EARS OPEN. Habla poco, escucha más, y no errarás.

KEEP YOUR SHOP AND YOUR SHOP WILL KEEP YOU. El que tenga tienda, que la atienda y sino que la venda.

KILL NOT THE GOOSE THAT LAYS THE GOLDEN EGGS. Matar la gallina de los huevos de oro.

KINGDOMS DIVIDED SOON FALL. Reino dividido, reino vencido.

KING CAN MAKE A KNIGHT, BUT NOT A GENTLEMENT, THE. No se nace caballero; hay que saber serlo. No es caballero sino el que sabe serlo.

KINGS ARE OUT OF PLAY. El rey no está sujeto a la ley. Voluntad de rey no tiene ley. Reyes rompen leyes.

KINGS CHAFF IS WORTH OTHER MEN'S CORN. En toda ocasión más vale migaja de rey que ración de señor.

KINSMAN HELPS KINSMAN, BUT WOE TO HIM THAT HAS NOTHING. Quien pobreza tiene, de sus deudos es desdén; y el rico, sin saberlo, de todos es deudo.

KNAVES IMAGINE NOTHING CAN BE DONE WITHOUT KNAVERY. Piensa el ladrón que todos son de su condición.

KNOW YOUR OWN FAULTS BEFORE BLAMING OTHERS. Quien tiene tejado de vidrio, no tire piedras al de su vecino.

KNOWLEDGE HAS BITTER ROOTS BUT SWEET FRUITS. El aprender es amargura; el fruto es dulzura.

KNOWLEDGE IS NO BURDEN. El saber no ocupa lugar.

KNOWLEDGE IS POWER. Saber es poder.

# L

LABOURER IS WORTHY OF HIS HIRE, THE. El obrero es digno de su salario. El abad canta donde yanta. Al hombre y al caballo, por lo que hacen has de apreciallos.

LAD'S LOVE'S A BUSK OF BROOM, HOT A WHILE AND SOON DONE. Guárdate del mozo cuando le nace el bozo.

LAST DROP MAKES THE CUP RUN OVER, THE. La última gota es la que colma el vaso.

LAST STRAW BREAKS THE CAMEL´S BACK, THE. La última gota es la que colma el vaso.

LATE CHILDREN, EARLY ORPHANS. ¿Qué hace con la moza el viejo? Hijos huérfanos.

LAW. EVERY LAW HAS A LOOPHOLE. Quien hizo la ley, hizo la trampa.

LAW. THE LAW IS FOR LITTLE PEOPLE. Para los desgraciados se hizo la horca.

LAW MAKERS SHOULD NOT BE LAW BREAKERS. El que ley establece, guardarla debe.

LAW. THE LAW IS A FLAG, AND GOLD IS THE WAND IT MAKES IT WADE. Donde hay fuerza derecho se pierde.

LAWS CATCH FLIES BUT LET HORNETS GO FREE. La ley, como la telaraña, suelta el ratón y la mosca apaña.

LAWYERS GOWNS ARE LINED WITH THE WILFULNESS OF THEIR CLIENTS. Las ropas de los letrados son forradas de los temas de litigantes porfiados.

LAZY SHEEP THINKS ITS WOOL HEAVY, A. A la mala hilandera, la rueca le hace dentera. Al mal harinero, los pelos del culo le hacen embarazo.

LEAD A PIG TO THE RHINE, IT REMAINS A PIG. Quien bestia va a Roma, bestia retorna. Quien necio va a la corte, necio se vuelve al monte.

LEAN AGREEMENT IS BETTER THAN A FAT JUDGMENT, A. Más vale mal ajuste que buen pleito.

LEARN TO COMMAND, THROUGH OBEDIENCE. Quien sabe obedecer sabrá mandar.

LEARN TO WALK BEFORE YOU RUN. Aun no ha salido del cascarón y ya tiene espolón.

LEARN WEEPING, AND YOU SHALL GAIN LAUGHING. Aprended llorando y reirás ganando. El aprender es amargura, el fruto es dulzura.

LEARNING IN ONE'S YOUTH IS ENGRAVING IN STONE. Lo que en la niñez se aprende, nunca se desprende.

LEAST SAID SOONEST MENDED. Por la boca se pierde el pez.

LEAVE A JEST WHEN IT PLEASES YOU BEST. A la burla, dejarla cuando más agrada.

LECTURE OF THE MIND DOTH LIE, IN THE FOREHEAD AND EYE, THE. En los ojos se le ve al alma el fondo.

LEND YOUR MONEY AND LOSE YOUR FRIEND. El que es tu amigo al prestarle, será tu enemigo al cobrarle. El prestar gana enemigos y pierde amigos. Amigos al prestar, enemigos al devolver. Si quieres enemigo, presta dinero al amigo.

LENDING NURSES ENMITY. Dinero que prestaste, enemigo que te echaste.

LEOPARD CANNOT CHANGE HIS SPOTS, THE. El lobo muda de pelo, mas no de celo. Genio y figura, hasta la sepultura. La zorra mudará los dientes, mas no las mientes. El pelo muda la raposa, mas el natural no despoja.

LET BYGONES BE BYGONES. Pelillos a la mar, para nunca desquitar.

LET EVERY PEDLER CARRY HIS OWN BURDEN. Cada palo aguante su vela.

LET HIM THAT SLEEPS TOO SOUND, BORROW THE DEBTOR'S PILLOW. Quien nada debe, a pierna suelta duerme.

LET SLEEPING DOG LIE. Mejor no meneallo.

LET THE COBBLER STICK TO HIS LAST. ¡Zapatero, a tus zapatos!

LET THE DEAD BURY THE DEAD. El muerto al hoyo, y el vivo, al bollo. El muerto, a la sepultura, y el vivo, a la hogaza.
LET AN ILL MAN LIE IN THY STRAW, AND HE LOOKS TO BE THY HEIR. Mete el mendigo en tu pajero y hacérsete ha heredero. Acogí al ratón en mi agujero, y se me tornó heredero.

LET YOUR PROBLEM TARRY UNTIL ITS OWN DAY COMES. No te pongas la venda hasta que no te hagas la herida.

LIAR IS NOT BELIEVED WHEN HE SPEAKS THE TRUTH, A. Al mentiroso, cuando dice la verdad, no le dan autoridad. El que en mentira es cogido, cuando dice verdad no es creído.

LIAR IS SOONER CAUGHT THAN THE CRIPPLE, THE. Antes se coge a un mentiroso que a un cojo. Antes toman al mentiroso que al cojo.

LIAR SHOULD HAVE A GOOD MEMORY, A. El mentiroso ha de ser memorioso. El mentir pide memoria.

LIAR IS WORST THAN A THIEF, A. Puede un hombre guardarse de un ladrón, mas de un mentiroso no.

LIBERTY IS MORE WORTH THAN GOLD. La libertad es una alhaja que con ningún dinero se paga.

LIE HAS NO LEGS, A. La mentira no tiene pies.

LIFE IS SHORT AND TIME IS SWIFT. Hermano, bebe, que la vida es breve.

LIFE MEANS STRIFE. Hiel y miel es menester.

LIFE WITHOUT A FRIEND, IS DEATH WITHOUT A WITNESS. Vida sin amigo, muerte sin testigo.

LIFE WOULD BE TOO SMOOTH, IF IT HAD NO RUBS IN IT. Hiel y miel es menester.

LIGHTLY COME, LIGHTLY GO. Los dineros del sacristán, cantando vienen, cantando se van.

LIKE AUTHOR, LIKE BOOK. De tal parra, tal racimo.

LIKE BREEDS LIKE. El hijo de la cabra, ¡Qué bien salta! El gorrión viejo a los gurriatos da consejos.

LIKE FATHER, LIKE SON. De tal palo tal astilla.

LIKE FAULT, LIKE PUNISHMENT. En el pecado va la penitencia.

LIKE MASTER, LIKE MAN. Por los hijos se conocen los padres y los criados por los amos. Tan bueno es Pedro como su amo. Tal amo, tal criado.

LIKE KING, LIKE PEOPLE. Cual es el rey, tal es la grey. A mal rey, mala grey.

LIKE MOTHER, LIKE DAUGHTER. El hijo de la cabra, cabrito ha de ser. El hijo de la gata ratones mata.

LIKE QUESTION, LIKE ANSWER. Cuál pregunta harás, tal respuesta habrás.

LIKE WILL TO LIKE. Dios los cría y ellos se juntan.

LISTENERS NEVER HEAR GOOD OF THEMSELVES. El que escucha, su mal oye.

LITTLE LABOUR, MUCH HEALTH, A. El trabajo es sano.

LITTLE BY LITTLE AND BIT BY BIT. La perseverancia toda cosa alcanza.

LITTLE CANNOT BE GREAT UNLESS HE DEVOUR MANY, THE. Conciencia ancha, la bolsa ensancha. No crece el río con agua limpia. El pez grande se come al pequeño.

LITTLE FIRE BURNS UP A GREAT DEAL OF CORN, A. Con pequeña brasa suele quemarse la casa.

LITTLE LEAKS SINK THE SHIP. Gota a gota, la mar se agota.

LITTLE LEARNING IS A DANGEROUS THING, A. Saber un poco es muy peligroso.

LITTLE AND OFTEN FILLS THE PURSE. Gota a gota, se llena la bota.

LITTLE PITCHERS HAVE LONG EARS. Cuidado con lo que dices que hay ropa tendida.

LITTLE POT IS SOON HOT, A. En pequeño botijo, poca agua cabe. En chimenea pequeña cabe poco humo.

LITTLE RAIN STILLS A GREAT WIND, A. Lágrimas quebrantan peñas.

LITTLE STONE IN THE WAY OVERTURNS A GREAT WAIN, A. De pequeña centella se levanta gran fuego.

LITTLE STROKES FELL GREAT OAKS. Poco a poco hila la vieja el copo.

LITTLE THIEVES ARE HANGED, BUT GREAT ONES SCAPE. La ley, como la telaraña, suelta el rató y la mosca apaña. La horca se hizo para los desgraciados.

LITTLE VILLAINS OFTEN SUBMIT TO FATE SO GREAT ONES MAY ENJOY THE WORLD IN STATE. Para los desgraciados se hizo la horca.

LITTLE WIT IN YOUR HEAD MAKES MUCH WORK FOR THE FEET. Quien no tenga memoria, que tenga pies.

LIVE AND LEARN. Mientras más se vive, más se aprende.

LIVE AND LET LIVE. Vive y deja vivir.

LIVE NOT TO EAT, BUT EAT TO LIVE. No vivas para comer, come para vivir.

LOCK THE STABLE DOOR AFTER THE HORSE HAS BOLTED, TO. Después de muerto el burro la ccbada al rabo. A buenas horas mangas verdes.

LONG ABSENCE CHANGES A FRIEND. Ausencia al más amigo, presto le pone en olvido.

LONG ABSENT, SOON FORGOTTEN. Ojos que no ven, corazón que no siente. Ausencia prolongada, amistad enfriada.

LONG LIFE HAS LONG MISERY. El que a larga vida llega, mucho mal vio y más le espera.

LONG WAYS, LONG LIES. De luengas tierras, luengas mentiras.

LONGER WE LIVE, THE MORE WONDERS WE SEE, THE. Vivir para ver.

LONGEST DAY MUST HAVE AN END, THE. No hay cosa que fin no tenga a la corta o a la luenga.

LONGEST NIGHT WILL HAVE AN END, THE. No hay mal ni bien que dure cien años.

LONGEST WAY ROUND IS THE NEAREST WAY HOME, THE. Nunca dejes el camino llano por el atajo. No hay atajo sin trabajo.

LOOK AFTER NUMBER ONE. Primero son mis dientes que mis parientes. El que venga detrás, que arree. Entre tus herederos, sé tú mismo el primero. El que venga detrás hereda, si algo queda. Comido yo, comido todo el mundo.

LOOK BEFORE YOU LEAP. Mucho ojo, que la vista engaña.

LOOK TO THYSELF WHEN THY NEIGHBOUR´S HOUSE IS ON FIRE. Cuando las barbas de tu vecino vieres pelar, echa la tuya a remojar.

LOOKERS ON SEE MOST OF THE GAME. Bien juega quien mira.

LOSE AN HOUR IN THE MORNING AND YOU WILL BE ALL DAY HUNTING FOR IT. Quien tarde se levanta, todo el día trota.

LOSE A LEG RATHER THAN A LIFE. Más vale tuerto que ciego.

LOSE NOTHING FOR ASKING. Preguntando se va a Roma.

LOVE AND BE WISE, ONE CANNOT. Amor y saber, todo no puede ser.

LOVE BEGETS LOVE. Carne a carne, amor se hace.

LOVE AND A COUGH CANNOT BE HID. Amor, tos y fuego, descúbrese luego.

LOVE CONQUERS ALL. El amor todo lo puede.

LOVE AND HATE ARE BLOOD RELATIONS. Quien bien ama, bien desama.

LOVE DOES MUCH, MONEY DOES EVERYTHING. Rey es el amor, y el dinero, emperador. Gran poder tiene el amor, pero el dinero, mayor.

LOVE IS AS STRONG AS DEATH. Para el amor y la muerte no hay nada fuerte.

LOVE IS BLIND. El amor lo pintan ciego. El amor es ciego. (pero no manco)

LOVE IS A GAME IN WHICH BOTH PLAYERS ALWAYS CHEAT. El amor no está libre de engaños.

LOVE IS WITHOUT REASON. Afición ciega razón.

LOVE OF LADS AND FIRE OF CHATS IS SOON IN AND SOON OUT. Guárdate del mozo cuando le nace el bozo.

LOVE MAKES ALL MEN EQUAL. Frío y amor no guarda donde entra.

LOVE OF MONEY AND THE LOVE OF LEARNING RARELY MEET, THE. Si quieres ser rico no te des mucho a los libros.

LOVE IS NEVER WITHOUT JEALOUSY. Dijo un sabio doctor que sin celos no hay amor.

LOVE IS SWEET IN THE BEGINNING BUT SOUR IN THE END. No hay amor que no hastíe, ni manjar que no empalague.

LOVE LASTS AS LONG AS MONEY ENDURES. En acabándose la plata, el amor se desbarata.

LOVE LIVES IN COTTAGES AS WELL AS IN COURTS. Frío y amor no guarda donde entra.

LOVE ME, LOVE MY DOG. Quien bien quiere a Beltrán, bien quiere a su can.

LOVE SEES NO FAULTS. Quien feo ama, hermoso le parece.

LOVE SPEAKS, EVEN WHEN THE LIPS ARE CLOSED. Dos que se aman con el corazón se hablan.

LOVE WILL GO THROUGH STONE WALLS. Más fuerte era Sansón, y le venció el amor.

LOVE WITHOUT RETURN IS LIKE A QUESTION WITHOUT AN ANSWER. Amor es tiempo perdido, sino es correspondido.

LOVE YOUR NEIGHBOUR, YET PULL NOT DOWN YOUR HEDGE. Amistades conserva la pared medianera.

LOVER'S QUARRELS ARE SOON MENDED. Riña de amantes, agua refrescante. Riñas de enamorados para en besos y abrazos. Riñas de enamorados, amores doblados. Riñen los amantes y quiérense más que antes.

LUCKY AT CARDS, UNLUCKY IN LOVE. Afortunado en el juego, desgraciado en amores. Afortunado en cartas, desgraciado en faldas.

LYING RIDES UPON DEBT'S BACK. Las trampas llevan la mentira a cuestas.

# M

MAIDEN WITH MANY WOOERS OFTEN CHOOSES THE WORST, A. Escoger y escoger , y lo peor haber. Escoger y acertar no siempre van a la par.

MAIDENS SHOULD BE SEEN, AND NOT HEARD. La pera y la doncella, la que calla es buena.

MAKE HASTE SLOWLY. Date prisa, pero no corras.

MAKE HAY WHILE THE SUN SHINES. 1. Aprovecha hermano, que la vida es breve. Aprovechar la ocasión. 2. Tener relaciones sexuales antes de que sea demasiado tarde.

MAKE NOT A FOOL OF YOURSELF, TO MAKE OTHERS MERRY. El que quiera divertirse que se compre un mono.

MAKE NOT YOUR SAUCE, BEFORE YOU HAVE CAUGHT THE FISH. Hasta verlo en la era, llámale hierba.

MAKE YOUR ENEMY YOUR FRIEND. Enemigo franco y honrado, más conviene que amigo solapado.

MAKE YOURSELF OF HONEY, AND THE FLIES WILL DEVOUR YOU. Haceos miel y comeos han las moscas.

MAN CANNOT BE IN TWO PLACES AT ONCE, A. No se puede repicar y andar en la procesión, no se puede nadar y guardar la ropa.

MAN CANNOT LIVE BY BREAD ALONE. No sólo de pan vive el hombre.

MAN DOES WHAT HE CAN AND GOD WHAT HE WILL. Dios hace lo quiere, y el hombre, lo que puede.

MAN FAR FROM HIS GOOD IS NEAR HIS HARM, A. Donde no hay ganancia, la pérdida está cerca.

MAN IS KNOWN BY HIS FRIENDS, A. Dime con quien andas y te diré quien eres.

MAN IS KNOWN BY THE COMPANY HE KEEPS, A. Dime con quien andas y te diré quien eres.

MAN OF COURAGE NEVER WANTS WEAPONS, A. Hombre de cojón prieto, no tiene aprieto.

MAN OF CRUELTY IS GOD´S ENEMY, A. Quien cierra al pobre la puerta, la del cielo no halla abierta.

MAN KNOWS HIS COMPANION IN A LONG JOURNEY AND A LITTLE INN, A. En chica cama y largo camino se conoce al buen amigo.

MAN LEARNS LITTLE FROM SUCCESS, BUT MUCH FROM FAILURE. El que no cae no se levanta.

MAN OF MANY TRADES, BEGS HIS BREAD ON SUNDAY, A. Hombre de oficios muchos, no gana el pan con ninguno.

MAN PROPOSES, GOD DISPOSES. El hombre propone y Dios dispone.

MAN WERE BETTER TO BE HALF BLIND THAN HAVE BOTH HIS EYES OUT, A. Más vale tuerto que ciego.

MAN WITH A HEAD OF WAX SHOULD NOT WALK IN THE SUN, A. No seáis hornero, si tenéis cabeza de manteca.

MAN WITHOUT MONEY IS NO MAN AT ALL, A. El dinero hace al hombre entero.

MAN OF WORDS AND NOT DEEDS IS LIKE A GARDEN FULL OF WEEDS, A. Créote, polla, que de poner vienes.

MANNERS AND MONEY MAKE A GENTLEMAN. Costumbres y dineros hacen hijos caballeros.

MAN´S BEST FRIEND IS HIS DOG, A. El perro, mi amigo; la mujer, mi enemigo; el hijo, mi señor.

MAN' S DESTINY IS ALWAYS DARK, A. Nace toda criatura, según se dice, con su ventura.

MANY A LITTLE MAKES A LOT. Grano a grano, hincha la gallina el papo. Muchos pocos hacen mucho. Un grano no hace granero, pero ayuda al compañero.

MANY DISHES MAKE MANY DISEASES. A quien come muchos manjares, no le faltarán enfermedades.

MANY DROPS OF WATER WILL SINK A SHIP. Gota a gota, la mar se agota.

MANY A GOOD COW HAS AN EVIL CALF. De padre santo, hijo diablo.

MANY GRAINS OF SAND WILL SINK A SHIP. De lo poco, se va haciendo lo mucho poco a poco.

MANY HANDS MAKE LIGHT WORK. Muchas manos en un plato, pronto tocan a rebato.

MANY KISS THE CHILD FOR THE NURSE'S SAKE. Gana tenía de tronchos quien besaba al hortelano.

MANY KISS THE HAND THEY WISH TO CUT OFF. Manos besa el hombre que quisiera ver cortadas.

MANY A MAN SERVES A THANKLESS MASTER. Sirve a señor y sabrás de dolor.

MANY A ONE SAYS WELL THAT THINKS ILL. A persona lisonjera ni oírla siquiera.

MANY SMALL MAKE A GREAT. Muchas candelitas hacen un cirio pascual.

MANY A TRUE WORD IS SPOKEN IN JEST. Bromeando, bromeando, amargas verdades se van soltando.

MANY THINGS LAWFUL ARE NOT EXPEDIENT. Todo me es lícito, pero no todo conviene.

MARCH WINDS AND APRIL SHOWERS BRING FORTH MAY FLOWERS. Marzo ventoso y abril lluvioso sacan a mayo florido y hermoso.

MARRIAGE IS A LOTERY. El casamiento y el melón, por ventura son.

MARRIAGE MAKES OR MARS A MAN. El día que te casas, o te sanas o te matas.

MARRIAGES ARE MADE IN HEAVEN. Boda y mortaja, del cielo baja.

MARRY IN HASTE, REPENT AT LEISURE. Antes de que te cases, mira lo que haces.

MARRY YOUR LIKE. Casamiento en igualdad, hasta en la edad.

MARRY YOUR SON WHEN YOU WILL, YOUR DAUGHTER WHEN YOU CAN. La hija, a quien la pidiere; el hijo se ha de mirar a quien se le ha de dar.

MASTER'S EYE MAKES THE HORSE FAT, THE. El ojo del amo engorda al caballo.

MASTER'S FOOTSTEPS FATTEN THE SOIL, AND HIS FOOT THE GROUND. Hacienda, tu amo te vea, y si no, te venda.

MASTER'S EYE MAKETH THE HORSE FAT, THE. El ojo del amo engorda el caballo.

MATRIMONY IS A SCHOOL IN WHICH ONE LEARNS TOO LATE. Casaste y cegaste, y cuando los ojos abriste, cien males viste.

MAY GOD DEFEND ME FROM MY FRIENDS; I CAN DEFEND MYSELF FROM MY ENEMIES. Que Dios me libre de mis amigos, que de mis enemigos me libro yo. Del agua mansa me libre Dios que de la brava me libro yo.

MEAL WITHOUT FLESH IS LIKE FEEDING ON GRASS, A. Ensalada y agua, poquita. No se crían nalgas con agua de malvas, sino con torreznos y hogazas. Yo no bebo, ni como, ni ayuno, cuando un potage engullo.

MEN ARE KNOWN BY THE COMPANY THEY KEEP. Dime con quien andas y te diré quien eres. Dios los cría y ellos se juntan.

MEN ARE NOT MEASURED IN INCHES. Al hombre se le mide de cejas arriba.

MEN KNOW WHERE THEY WERE BORN, NOT WHERE THEY SHALL DIE. Se sabe donde se nace; pero no donde se muere.

MEN SPEAK OF THE FAIR AS THINGS WENT WITH THEM THERE. Cada uno habla de la feria como le va en ella.

MERCHANT THAT GAINS NOT, LOSES, A. El comerciante debe ganar siempre; cuando nada gana, pierde.

MERCY TO THE CRIMINAL MAY BE CRUELTY TO THE PEOPLE. La piedad con el malo es crueldad con el bueno.

MERRY COMPANION IS A WAGON IN THE WAY, A. El gracioso compañero es carretón en el camino.

MILK SAYS TO WINE: WELCOME FRIEND. Dijo la leche al vino: bien seáis venido, amigo.

MILL CANNOT GRIND WITH WATER THAT IS PAST, THE. Con agua pasada, no muele molino.

MILL GETS BY GOING, THE. El molino andando gana.

MILLERS ARE THE LAST TO DIE OF FAMINE. A buen año y malo, molinero u hortelano.

MILLS WILL NOT GRIND IF YOU GIVE THEM NOT WATER. El molinero velando gana, que no estándose en la cama.

MISCHIEF COMES BY A POUND AND GOES AWAY BY AN OUNCE. El mal entra a brazadas y sale a pulgaradas.

MISERLY FATHER HAS A THRIFTLESS SON, A. A padre guardador, hijo gastador.

MISERY LOVES COMPANY. Quien calladamente arde, más se quema.

MISFORTUNES FIND THEIR WAY EVEN ON THE DARKEST NIGHT. La desgracia a la purta vela, y en la primera ocasión se cuela.

MISFORTUNE MAKES FOES OF FRIENDS. Los amigos, al partir de los despojos se hacen enemigos.

MISFORTUNES NEVER COME SINGLY. Las desgracias son como las cerezas, que unas a otras se llevan. Las desgracias nunca vienen solas.

MISFORTUNES TELL US WHAT FORTUNE IS. Mal es acabarse el bien. Quien no supo de un mal, no supo de un bien.

MONEY ANSWERS ALL THINGS. Todo lo puede el dinero. Poderoso caballero es don dinero.

MONEY BEGETS MONEY. Dinero gana dinero. Dinero llama dinero.

MONEY IS A GOOD SERVANT, BUT A BAD MASTER. El dinero es bueno para siervo, pero malo para amo.

MONEY IS ROUND, AND ROLLS AWAY. Como el dinero es redondo, rueda y se va pronto. Dinero de canto se va rodando. El dinero se ha hecho redondo para que ruede.

MONEY IS THE ACE OF TRUMPS. Por mi dinero, papa le quiero.

MONEY IS THE ONLY MONARCH. El dinero es caballero.

MONEY IS THE ROOT OF ALL EVIL. Por los malditos dineros son todos los pleitos.

MONEY MAKES THE MAN. El dinero hace al hombre entero.

MONEY MAKES A MAN FREE EVERYWHERE. Por dinero hace el hombre cuanto le place.

MONEY MAKES THE MARE TO GO. Por dinero baila el perro, y hay bautizo, boda y entierro. Por dinero baila el can, y por pan si se lo dan.

MONEY MAKES MONEY. Dinero hace dinero. Dinero llama dinero.

MONEY TALKS. Poderoso caballero es don dinero.

MONEY WILL DO ANYTHING. Dinero en mano, todo es llano.

MONEY WILL DO MORE THAN MY LORD'S LETTER. Más ablanda el dinero que palabras de caballero.

MONEYLESS MAN GOES FAST THROUGH THE MARKET, A. Triste debe estar quien no tiene qué gastar.

MORE HASTE, LESS SPEED. Cuanto más deprisa, más despacio.

MORE YOU GET, THE MORE YOU WANT, THE. Quien más tiene, más quiere.

MORNING SUN NEVER LASTS A DAY, THE. Sol que madruga, poco dura.

MOTHER - IN - LAW REMEMBERS NOT THAT SHE WAS A DAUGHTER - IN - LAW, THE. Acuérdate, suegra, de que fuiste nuera.

MOTHER'S LOVE IS BEST OF ALL, A. Amor de madre, que por demás es aire.

MOTHER'S LOVE NEVER AGES, A. Amor de madre, ni la nieve hace enfriarse.

MOUSE THAT HAS BUT ONE HOLE IS QUICKLY TAKEN, THE. Ratón que no tiene más que un horado, pronto es cazado.

MUCH ABOUT NOTHING. Mucho ruido y pocas nueces.

MUCH COIN, MUCH CARE. Cuanto mayor es la fortuna, tanto es menos segura.

MUCH LEARNING MAKES MEN MAD. El mucho aprender te vuelve loco.

MUCH MEAT, MUCH MALADY. No hay manjar muy gustoso que no sea dañoso.

MUCK AND MONEY GO TOGETHER. No crece el río con agua limpia.

MUSIC IS THE FOOD OF LOVE. La música es el alimento del amor.

MUSIC HAS CHARMS TO SOOTHE A SAVAGE BEAST. La música amansa a las fieras. La música las fieras domestica.

MUTTON DRESSED UP AS LAMB. Aunque la mona se vista de seda mona se queda.

# N

NAME NOT A ROPE, IN HIS HOUSE THAT HANGED HIMSELF. No hay que mentar la soga en casa del ahorcado.

NATURE WILL HAVE HER COURSE. La naturaleza siempre saca la cabeza. Lo que da naturaleza, no se quita con fuerza.

NEAR FRIEND IS BETTER THAN A FAR DWELLING KINSMAN, A. No hay mejor pariente que el buen amigo presente.

NEAR IS MY COAT, BUT NEARER IS MY SHIRT. Mas cerca está la camisa de la carne que el jubón.

NEAR NEIGHBOUR IS BETTER THAN A FAR - DWELLING KINSMAN, A. Más me vale un vecino al lado que un hermano alejado.

NEAR IS MY SHIRT, BUT NEARER IS MY SKIN. Más cerca está la camisa de la carne que el jubón.

NEAREST THE KING, NEAREST THE GALLOWS. El rey es como el fuego, que al que está más cerca más le calienta y quema. Donde está el rey, a cien leguas.

NECESSITY BREAKS IRON. La necesidad, de las piedras hace pan.

NECESSITY IS THE MOTHER OF INVENTION. La necesidad aguza el ingenio.

NECESSITY KNOWS NO LAW. La necesidad carece de ley.

NECESSITY IS A POWERFUL WEAPON. La necesidad hace a la vieja trotar y al gotoso saltar. La necesidad hace correr al cojo y saltar al gotoso.

NEED MAKES GREED. A la virtud, menester hace espalda.

NEED MAKES THE OLD WIFE TROT. La necesidad hace a la vieja trotar y al gotoso saltar.

NEEDS MORE SKILL THAN I CAN TELL TO PLAY THE SECOND FIDDLE WELL. No sabe mandar quien no sabe obedecer.

NEEDS MUST WHEN THE DEVIL DRIVES. A la fuerza ahorcan.

NEIGHBOUR´S GROUND YIELDS BETTER CORN THAN OURS, OUR. La cabra de mi vecina, más leche da que la mía. El vino de mi vecino, ése si que es buen vino.

NEITHER BEG OF HIM WHO HAS BEEN A BEGGAR, NOR SERVE HIM WHO HAS BEEN A SERVANT. Ni sirvas a quien sirvió, ni pidas a quien pidió.

NEITHER A BORROWER NOR A LENDER BE. Amigos al prestar, enemigos al devolver. El que es tu amigo al prestarle, será tu enemigo al cobrarle. Al prestar gana enemigos y pierde amigos. Si quieres enemigo, presta dinero al amigo.

NEITHER BRIBE, NOR LOSE THY RIGHT. Ni hagas cohecho, ni pierdas derecho.

NEVER ANSWER A QUESTION UNTIL IT IS ASKED. Cuando no seas preguntado, estáte callado.

NEVER ASK PARDON BEFORE YOU ARE ACCUSED. Explicación no pedida, malicia arguye.

NEVER BE ASHAMED TO EAT YOUR MEAT. Quien tiene verguenza, ni come ni almuerza.

NEVER CATCH AT A FALLING KNIFE OR A FALLING FRIEND. Quien al ruin perdona, más ruin lo torna.

NEVER JUDGE BY APPEARANCES. Antes que a uno trates, ni le vituperes ni le alabes.

NEVER LOOK A GIFT HORSE IN THE MOUTH. A caballo regalado no le mires el diente. A lo dado no le mires el pelo.

NEVER MAKE THREATS YOU CANNOT CARRY OUT. Huír cuando es menester, con honra se puede hacer.

NEVER OPEN THE DOOR TO A LITTLE VICE, LEST A GREAT ONE ENTER WITH IT. Puerta abierta, al diablo tienta. A puerta abierta llega el diablo y se entra, a puerta ''cerrá,'' llega el diablo y se vuelve atrás.

NEVER PUT OFF TILL TOMORROW WHAT YOU CAN DO TODAY. No dejes para mañana lo que puedas hacer hoy.

NEVER SAY DIE. No hay mal que por bien no venga.

NEVER SPEND YOUR MONEY BEFORE YOU HAVE IT. No vendas la piel del oso sin haberlo muerto. Hasta verlo en la era, llámalo hierba.

NEVER SPUR A WILLING HORSE. Caballo que vuela no quiere espuela.

NEVER TAKE A STONE TO BREAK AN EGG, WHEN YOU CAN DO IT WITH THE BACK OF YOUR KNIFE. No uses un cañón, para matar a un gorrión.

NEVER TELL YOUR ENEMY THAT YOUR FOOT ACHES. Nunca a tu enemigo hagas de tu mal testigo.

NEVER TOO LATE TO LEARN. El viejo que cien años tenía, aprendía algo cada día.

NEVER TOO OLD TO LEARN. Estáse la vieja muriendo y está aprendiendo.

NEVER TROUBLE TROUBLE TILL TROUBLE TROUBLE YOU. No te pongas la venda antes de que te hagan la herida.

NEVER WAS CAT OR DOG DROWNED, THAT COULD BUT SEE THE SHORE. Cuando más veas oscurecer, es que ya quiere amanecer.

NEVER WAS STRUMPET FAIR. Ser puta y buena mujer, ¿cómo puede ser?

NEVER WERE THE ABSENT IN THE RIGHT. Ni ausente sin culpa, ni presente sin disculpa.

NEW BROOMS SWEEP CLEAN. A nuevos reyes, nuevas leyes.

NEW LORDS, NEW LAWS. A nuevos reyes, nuevas leyes.

NEW LOVE DRIVES OUT THE OLD ONE, THE. Amores nuevos olvidan viejos. Amor nuevo olvida al primero.

NEW MEAT BEGETS A NEW APPETITE. Un día perdiz y otro gazpacho, para que las perdices no den empacho. Todos los días perdiz cansa.

NIGHT IS THE MOTHER OF COUNSEL. La noche es buena consejera. Dormiréis sobre ello y tomaréis acuerdo.

NINETY PER CENT OF INSPIRATION IS PERSPIRATION. La inspiración viene trabajando.

NO ALCHEMY TO SAVING. Alquimia probada, tener renta y no gastar nada.

NO ANSWER IS ALSO AN ANSWER. Quien calla otorga.

NO BEES, NO HONEY; NO WORK, NO MONEY. En esta vida caduca, el que no trabaja, no manduca.

NO CROSS, NO CROWN. No hay placer do no haya dolor. El que algo quiere, algo le cuesta.

NOD IS AS GOOD AS A WINK, A. Al buen entendedor pocas palabras bastan.

NOD IS AS GOOD AS A WINK TO A BLIND HORSE, A. No hay peor ciego que el que no quiere ver.

NO DAY PASSES WITHOUT SOME GRIEF. Cada día trae su afán.

NO DISH PLEASES ALL PALATES ALIKE. No todos tienen un gusto.

NO FOE TO A FLATTERER. Adulador, él es tu enemigo peor. Adulador, engañador, y al cabo, traidor.

NO FRIEND TO A BOSOM FRIEND; NO ENEMY TO A BOSOM ENEMY. El peor enemigo es el escondido. No hay peor mal que el enemigo de casa para dañar.

NO GAIN WITHOUT PAIN. No hay atajo sin trabajo. El que algo quiere, algo le cuesta.

NO GARDEN WITHOUT ITS WEEDS. En el mejor vino hay heces.

NO FLYING FROM FATE. Gran desatino querer huir de tu destino.

NO GOOD APPLE ON A SOUR STOCK. De tal palo tal astilla.

NO GREAT LOSS BUT SOME SMALL PROFIT. No hay mal que por bien no venga.

NO HAIR SO SMALL BUT HAS HIS SHADOW. Un cabelllo hace su sombra en el suelo.

NO JOY WITHOUT ANNOY. En cada legua hay un pedazo de mal camino. No hay vida sin muerte, ni placer sin pesar.

NO LAND WITHOUT STONES, OR MEAT WITHOUT BONES. No hay carne sin hueso.

NO LARDER BUT HAS ITS MICE. No hay cielo sin nubes, ni paraíso sin serpiente.

NO LOCK WILL HOLD AGAINST THE POWER OF GOLD. No hay cerradura si la llave es de oro.

NO LOVE IS FOUL, NOR PRISON FAIR. Quien feo ama, hermoso le parece.

NO LOVE LIKE THE FIRST LOVE. Los amores primeros son unas flores que nunca pierden sus olores. Amor primero no es olvidadero.

NO MAN CAN DO TWO THINGS AT ONCE. El que está en muchos cabos, está en ninguno.

NO MAN CAN FLAY A STONE. Imposible es empezar a comer por la segunda cucharada.

NO MAN CAN SERVE TWO MASTERS. Nadie puede servir a dos amos y contentarlos.

NO MAN CAN SUP AND BLOW TOGETHER. Soplar y sorber, no puede ser.

NO MAN CRIES STINKING FISH. Cada ollero alabas sus ollas, y más el que las tiene quebradas.

NO MAN FOULS HIS HANDS IN HIS OWN BUSINESS. A tuerto o a derecho, nuestra casa hasta el techo. O con verdades o con trampas, preciso es mantener la casa.

NO MAN HAS A WORSE FRIEND THAN HE BRINGS FROM HOME. No hay peor mal que el enemigo de casa para dañar.

NO MAN IS BORN WISE OR LEARNED. Nadie nació sabiendo. Nadie nace enseñado.

NO MAN IS HIS CRAFT´ S MASTER THE FIRST DAY. Con la paciencia todo se logra. El uso hace maestro.

NO MAN IS INFALLIBLE. El que tiene boca se equivoca.

NO MAN KNOWS WHEN HE SHALL DIE, ALTHOUGH HE MUST DIE. El morir es cierto; el cuándo, el cómo y el donde, inciertos.

NO NAMES, NO PACK DRILL. No chivarse de los demás.

NO NEWS IS GOOD NEWS. Cuando no hay nuevas, es que son buenas. ¿ No hay noticia? Buena noticia.

NO DAY PASSES WITHOUT SOME GRIEF. Cada día trae su afán.

NO PAIN, NO CURE. Lo que pica sana.

NO REPLY IS BEST. No hay mayor desprecio que el no hacer aprecio.

NO ROSE WITHOUT A THORN. No hay rosas sin espinas.

NONE BUT THE BRAVE DESERVES THE FAIR. Amante atrevido, de la amada más querido.

NONE CAN GUESS THE JEWEL BY THE CASKET. Muchas veces no son las cosas lo que parecen.

NONE SO BLIND AS THOSE WHO WILL NOT SEE. No hay peor ciego que el que no quiere ver.

NONE SO DEAF AS THOSE WHO WILL NOT HEAR. No hay peor sordo que el que no quiere oir.

NONE SO OLD THAT HOPES NOT FOR A YEAR LIFE. No hay ninguno tan viejo que no piensa vivir otro año.

NO ONE IS RICH ENOUGH TO DO WITHOUT HIS NEIGHBOUR. No es tan gruesa la gallina, que no haya menester a su vecina.

NO ONE OUGHT TO BE JUDGE IN HIS OWN CAUSE. Nadie es buen juez en causa propia.

NO ROOT, NO FRUIT. Por algo se empieza.

NO SILVER WITHOUT DROSS. No hay rosa sin espina.

NOTHING COSTS SO MUCH AS WHAT IS GIVEN TO US. Más cara es la cosa dada que comprada.

NOTHING CRAVE, NOTHING HAVE. El que no llora no mama.

NOTHING FREER THAN A GIFT. Lo regalado todos lo reciben con agrado. A lo dado no le mires el pelo.

NOTHING IS CERTAIN BUT DEATH AND TAXES. Nada es cierto sino la muerte y los impuestos.

NOTHING IS EASY TO THE UNWILLING. El que no quiere hacer algo a todo le pone travas. El que no quiere hacer algo todo lo encuentra difícil.

NOTHING IS FOR NOTHING. Todo tiene su precio. Solo hay queso gratis en las ratoneras.Nadie da nada por nada.

NOTHING IS IMPOSSIBLE TO A WILLING HEART. Más vale el que quiere, que el que puede.

NOTHING SEEK, NOTHING FIND. Quien busca halla.

NOTHING SO BAD BUT IT MIGHT HAVE BEEN WORSE. No hay mal que por bien no venga.

NOTHING SO BAD IN WHICH THERE IS NOT SOMETHING OF GOOD. No hay mal que por bien no venga.

NOTHING SO CERTAIN AS DEATH. La muerte es tan cierta como la vida incierta.

NOTHING STAKE, NOTHING DRAW. Quien no se arriesga, no pasa la mar.

NOTHING SUCCEEDS LIKE SUCCESS. Dinero gana dinero. Dinero llama dinero.

NOTHING VENTURED, NOTHING GAINED. Quien no se arriesga, no pasa la mar.

NOTHING WORSE THAN A FAMILIAR ENEMY OF ONE´S OWN HOUSEHOLD. No hay peor mal que el enemigo de casa para dañar.

NURTURE IS ABOVE NATURE. No con quien naces, sino con quien paces.

NUMBER ONE IS THE FIRST HOUSE IN THE ROW. Favorece a los tuyos primero, y después a los ajenos.

NURSE IS VALUED TILL THE CHILD HAS DONE SUCKING, THE. Entretanto que cría, amamos al ama; en pasando el provecho, luego olvidada. Ama sois, ama, mientras el niño mama; desde que no mama, ni ama ni nada.

# O

OAK IS NOT FELLED AT ONE STROKE, AN. Un sólo golpe no derriba un roble.

OCCASION LOST CANNOT BE REDEEMED, AN. Ocasión que pasó, pájaro que voló. Ocasión que dejaste escapar, para ciento y un año perdida está.

OCCUPATION IS AS GOOD AS LAND, AN. Quien tiene oficio, tiene beneficio.

OF A THORN SPRINGS NOT A FIG. No pidáis cerezas la cardo, que nunca las ha llevado. De tal palo tal astilla.

OF ALL WARS, PEACE IS THE END. La guerra sólo tiene una cosa buena: la paz que trae en pos de ella.

OF COWARDS NO HISTORY IS WRITTEN. De ningún cobarde se ha escrito nada.

OF EVIL GRAIN, NO GOOD SEED CAN COME. De tal palo tal astilla.

OF AN EVIL CROW, AN EVIL EGG. Cual el cuervo, tal su huevo.

OF GOOD SEED PROCEEDS GOOD CORN. De buen vino buen vinagre.

OF IDDLENESS COMES NO GOODNESS. La pereza nunca hizo cosa bien hecha.

OF MONEY, WIT, AND VIRTUE, BELIEVE ONE - FOURTH OF WHAT YOU HEAR. Dineros, seso y fe, siempre menos de lo que pensaréis.

OF SOUP AND LOVE, THE FIRST IS THE BEST. Sopas y amores, los primeros los mejores.

OF TWO EVILS CHOOSE THE LESS. Del mal, el menos.

OF WINE THE MIDDLE, OF OIL THE TOP, AND OF HONEY THE BOTTOM, IS BEST. El aceite, de encima; el vino, de en medio; la miel de lo postrero.

OFFER MUCH IS A KIND OF DENIAL, TO. Ofrecer mucho, especie es de negar.

OFTEN A FULL DEXTEROUS SMITH FORGES A VERY WEAK KNIFE. El mejor escribano echa un borrón.

OLD AGE COMES STEALING ON. No me lleves año, que yo te iré alcanzando.

OLD AGE IS A HOSPITAL THAT TAKES IN ALL DISEASES. La vejez no viene sola.

OLD AGE IS A MALADY OF WHICH ONE DIES. Para enfermedad de años, no hay remedio.

OLD AGE IS SICKNESS OF ITSELF, AN. Hombre viejo, cada día un duelo nuevo.

OLD COW THINKS SHE WAS NEVER A CALF, THE. No se acuerda el cura de cuando fue sacristán.

OLD CUSTOMS ARE BEST. Mudar costumbres es a par de muerte.

OLD DOG BARKS NOT IN VAIN, AN. Can viejo no ladra en vano.

OLD FISH, OLD OIL, AND AN OLD FRIEND ARE THE BEST. Aceite y vino y amigo, antiguo.

OLD FOX IS NOT EASILY SNARED, AN. Pájaro viejo no entra en jaula. A perro viejo, no tus tus.

OLD FOX IS SHY OF A TRAP, AN. Zorra vieja huele la trampa.

OLD FOX NEED LEARN NO CRAFT, AN. Zorra vieja en el lazo se mea.

OLD FOXES WANT NO TUTORS. A buey viejo, no le cates abrigo.

OLD FRIENDS AND OLD WINE AND OLD GOLD ARE BEST. Aceite y vino y amigo, antiguo.

OLD FRIENDS AND OLD WINE ARE BEST. Amigo viejo; tocino y vino, añejo.

OLD HABITS DIE HARD. Costumbre mala, tarde o nunca es dejada. Las malas costumbres nunca se pierden.

OLD LOVE DOES NOT RUST. El amor primero, jamás se olvida; pepita le queda para toda la vida.

OLD LOVE WILL NOT BE FORGOTTEN. Quien bien quiere, tarde olvida.

OLD MAN HAS HIS DEATH BEFORE HIS EYES, THE YOUNG MAN BEHIND HIS BACK, AN. El joven puede morir, pero el viejo no puede vivir.

OLD MAN WHO WEDS A BUXON YOUNG MAIDEN, BIDS FAIR TO BECOME A FREEMAN OF BUCKINGHAM. Viejo que con moza casó, o vive cabrito o muere cabrón.

OLD MAN'S SAYINGS ARE SELDOM UNTRUE, AN. Dichos de viejas arrancan las piedras.

OLD MAN'S STAFF IS THE RAPPER OF DEATH'S DOOR, AN. El viejo ya come las sopas en la sepultura.

OLD MEN ARE TWICE CHILDREN. Viejo viejiño vuelve a ser niño. La vejez tornó por los días en que nació.

OLD MEN GO TO DEATH, DEATH COMES TO YOUNG MEN. El joven puede morir, pero el viejo no puede vivir.

OLD MEN AND TRAVELLERS MAY LIE BY AUTHORITY. El viejo en su tierra y el mozo en la ajena, mienten de una manera.

OLD MEN WHEN THEY MARRY YOUNG WOMEN, MAKE MUCH OF DEATH. Viejo que se casa con una mujer moza, o pronto el cuerno, o pronto la losa; si no son las dos cosas. A quien se casa viejo, muerte o cuernos.

OLD OX MAKES A STRAIGHT FURROW, AN. Buey viejo, surco derecho.

OLD OX WILL FIND A SHELTER FOR HIMSELF, AN. Hombre viejo no necesita consejo.

OLD POACHER MAKES THE BEST GAMEKEEPER, AN. De ladrón a policía.

OLD SHOES ARE EASIEST. Uso nuevo, pocas veces bueno.

ON THE THIRD OF APRIL COMES IN THE CUCKOO AND NIGHTINGALE. A cinco de abril, debe venir, y si no viene a los siete o a los ocho, o es preso o morto.

ON THE TURF ALL MEN ARE EQUAL - AND UNDER IT. La muerte y el juego no respetan privilegios. El rey y el acemilero pasan por el mismo rasero.

ONCE BITTEN TWICE SHY. El gato escaldado del agua fría huye.

ONCE MAD, NEVER WISE. Quien enferma de locura, o sana tarde o nunca.

ONCE PAID, NEVER CRAVED. Quien paga, descansa, y el que cobra mucho más.

ONCE A WHORE AND EVER A WHORE. Una vez, con el rey me acosté, y puta me quedé.

ONE BAD GENERAL IS BETTER THAN TWO GOOD ONES. Donde diez mandan, lo que cada uno manda nueve lo desmandan. Mandar no quiere par. Dos gallos en un gallinero, el uno trae al otro al retortero. Dos gallos cantan mal en un gallinero.

ONE BARBER SHAVES ANOTHER GRATIS. De barbero a barbero no pasa dinero.

ONE CANNOT BE IN TWO PLACES AT ONCE. No se puede repicar y andar en la procesión.No se puede nadar y guardar la ropa.

ONE CANNOT GATHER GRAPES OF THORNS OR FIGS OF THISTLE. No pidáis cerezas al cardo, que nunca las ha llevado. No se le pueden pedir peras al olmo.

ONE CANNOT MAKE AN OMELETTE WITHOUT BREAKING EGGS. Lo que algo vale, algo cuesta. Para hacer tortillas hay que cascar los huevos.

ONE CANNOT PUT BACK THE CLOCK. El tiempo mudado, el pensamiento cambiado.

ONE DROP OF POISON INFECTS THE WHOLE TUN OF WINE. Poca hiel corrompe mucha miel.

ONE ENEMY CAN DO MORE HURT THAN TEN FRIENDS CAN DO GOOD. Más mal te hará un enemigo, que bien doscientos amigos.

ONE ENEMY IS TOO MANY; AND A HUNDRED FRIENDS TOO FEW. Pocos son cien amigos, y mucho es un enemigo.

ONE EYEWITNESS IS BETTER THAN TWO HEAR – SO'S. Más vale un testigo de vista que ciento de oídas. Más vale un testigo que lo vio pasar que ciento que lo oyeron contar.

ONE FATHER CAN SUPPORT TEN CHILDREN; TEN CHILDREN CANNOT SUPPORT ONE FATHER. Un padre para cien hijos, y no cien hijos para un padre.

ONE FOOT IS BETTER THAN TWO CRUTCHES. Más vale una cuarta de paño que dos varas del malo.

ONE GOOD FOREWIT IS WORTH TWO AFTERWITS. Más vale un "por si acaso" que un "pensé que."

ONE GOOD TURN DESERVES ANOTHER. Dame y te daré. Amor con amor se paga. Hoy por mí, mañana por tí. Favor con favor se paga.

ONE GRAIN FILLS NOT A SACK, BUT HELPS HIS FELLOW. Un grano no llena el granero pero ayuda a su compañero.

ONE HAIR OF A WOMAN DRAWS MORE THAN A HUNDRED YOKE OF OXEN. Más tiran nalgas en lecho que bueyes en barbecho. Más tira coño que soga. Más tiran tetas que carretas.

ONE HAND WASHES THE OTHER. Una mano a la otra lava, y las dos, a la cara.

ONE ILL WORD ASKS ANOTHER. Unas malas palabras tiran de otras que lo son más, y las menos van detrás.

ONE IS NEVER TOO LATE TO LEARN. Para aprender, nunca es tarde.

ONE LIE MAKES MANY. Una mentira, madre es de cien hijas.

ONE LOVE EXPELS ANOTHER. Amor quita amor.

ONE MAN´S LOSS IS ANOTHER MAN'S GAIN. No hay feria mala: lo que uno pierde, otro gana.

ONE MAN'S MEAT IS ANOTHER MAN'S POISON. Lo que es bueno para el hígado, es malo para el bazo.

ONE MASTER IN A HOUSE IS ENOUGH. El mandar no quiere par. Dos gallos cantan mal en un gallinero. Dos llagos en un gallinero, el uno trae al otro al retortero.

ONE MIGHT AS WELL BE HANGED FOR A SHEEP AS FOR A LAMB. Bien se sabe atrever quien no tiene nada que perder. De perdidos al río.

ONE MUST BE A SERVANT BEFORE ONE CAN BE A MASTER. No sabe mandar quien no ha sido mandado.

ONE MUST HOWL WITH THE WOLVES. Sufro y callo por el tiempo en que me allo.

ONE OF THESE DAYS IS NONE OF THESE DAYS. Ya lo haré, ya lo haré. Ya lo haré cuando sea. Ya lo haré otro día.

ONE PAIR OF HEELS IS OFTEN WORTH TWO PAIRS OF HANDS. A celada de bellacos, más vale por los pies que por las manos.

ONE POISON DRIVES OUT ANOTHER. Un veneno saca a otro.

ONE POTTER ENVIES ANOTHER. Araña, ¿quién te arañó? Otra araña como yo.

ONE SHEEP FOLLOWS ANOTHER. Ovejas bobas, por do va una, van todas.

ONE SHOULDER OF MUTTON DRAWS DOWN ANOTHER. Comiendo comiendo, el apetito va viniendo.

ONE SUIT OF LAW BREEDS TWENTY. Un pleito trae consigo ciento.

ONE TIRES ALWAYS EATING THE SAME FRUIT. Siempre perdíz, cansa.

ONE SWALLOW DOES NOT MAKE A SUMMER. Ni un dedo hace mano, ni una golondrina verano.

ONE'S OWN FIRE IS PLEASANT. El fuego de casa calienta y no abrasa.

ONLY FOOLS CRY FOR THE MOON. Sólo los necios piden lo imposible.

ONLY THROUGH OBEYING DOES ONE LEARNT TO COMMAND. Para mandar hay que saber obedecer.

OPEN CONFESION IS GOOD FOR THE SOUL. Pecado confesado es medio perdonado.

OPEN DOOR MAY TEMPT A SAINT, AN. Puerta abierta, al santo tienta. A puerta cerrada, el diablo se vuelve.

OPPORTUNITY MAKES THE THIEF. La ocasión hace al ladrón.

OPPORTUNITY SELDOM KNOCKS TWICE. Ocasión que dejaste escapar, para ciento y un años perdida está. La ocasión no admite dilación. Acecha la ocasión, y al pasar, cógela por el mechón. La ocasión la pintan calva. Abre el ojo, que asan carne.

ORANGE THAT IS TOO HARD SQEEZED YIELDS A BITTER JUICE, THE. No se ha de exprimir tanto la naranja que amargue el jugo.

OTHER TIMES, OTHER MANNERS. A nuevos tiempos, nuevas costumbres.

OUNCE OF PRACTICE IS WORTH A POUND OF PRECEPT, AN. Sin experiencia, de poco sirve la ciencia.

OUR OWN OPINION IS NEVER WRONG. Quien mal canta, bien le suena.

OUT OF DEBT, OUT OF DANGER. Quien paga descansa, y el que cobra mucho más.

OUT OF SIGHT, OUT OF MIND. Ojos que no ven, corazón que no siente. Ausencia enemiga de amor, tan lejos de ojos cuan lejos de corazón.

OUT OF THE FRYING - PAN INTO THE FIRE. Salir de Málaga para meterse en Malagón.

OVER COVETOUS WAS NEVER GOOD. El avariento, por no perder un real, pierde ciento.

OVER JOLLY DOES NOT LAST. A gran fiesta, gran desdicha. Alegría, víspera es de pesar, como el florear lo es del marchitar.

OWL THINKS HER OWN YOUNG FAIREST, THE. Al escarabajo, sus hijos le parecen granos de oro.

OX IS TAKEN BY HIS HORNS, AND A MAN BY HIS WORD, AN. Al buey por el asta, al hombre por la palabra.

OX WHEN HE IS LOOSE, LICKS HIMSELF AT PLEASURE, AN. El buey suelto bien se lame.

OX WHEN WEARIEST TREADS SUREST, THE. El buey viejo, arranca la gatuña del barbecho.

# P

PAINTERS AND POETS HAVE LEAVE TO LIE. Los poetas tienen licencia para mentir.

PARDON MAKES OFFENDERS. El perdón alienta al homicida y al ladrón.

PARDON ONE OFFENCE AND YOU ENCOURAGE MANY. Un agravio consentido, otro sufrido.

PARDONING THE BAD IS INJURING THE GOOD. Perdonar al malo es dar al bueno un palo. El que perdona a los malos perjudica a los buenos.

PATIENCE IS A REMEDY FOR EVERY GRIEF. A cualquier dolencia, es remedio la paciencia.

PATIENCE IS THE REMEDY OF THE WORLD. Con la pacience todo se logra.

PATIENCE SURPASSES LEARNING. La paciencia es buena ciencia.

PATIENT MEN WIN THE DAY. Al fin vence quien paciencia tiene.

PAY BEFOREHAND AND YOU WORK WILL BE BEHINDHAND. A dineros tomados brazos quebrados.

PAY BEFOREHAND WAS NEVER WELL SERVED. Tamborilero pagado, hace mal son.

PAYMASTER IN ADVANCE IS EVIL PAYMENT. Paga adelantada, paga viciosa.

PAY WHAT YOU OWE AND YOU WILL KNOW WHAT YOU ARE WORTH. Paga lo que debes, y sabrás lo que tienes.

PEACE MAKES PLENTY. La paz es la madre del pan.

PEACH WILL HAVE WINE AND FIG WATER, THE. El durazno y el prisco quiere vino, y agua el higo.

PEN IS MIGHTER THAN THE SWORD, THE. Más daños suele hacer una plumada que una estocada. Leve es la pluma, pero escribiendo abruma. WHOEVER SAID THAT THE PEN WAS MIGHTER THAN THE SWORD HE MUST HAVE HAD A PRETTY CRAPPY SWORD. Quienquiera que fuera el que dijo, que la pluma era más peligrosa que la espada, la espada que tenía debía ser una porquería.

PERSEVERENCE KILLS THE GAME. Con la paciencia todo se alcanza.

PHYSICIAN, HEAL THYSELF. Médico, cúrate a ti mismo. Médico, a ti te digo: cúrate a ti mismo.

PIECE OF CHURCHYARD FITS EVERYBODY, A. A dos metros bajo tierra todos somos iguales.

PIGS MIGHT FLY, IF THEY HAD WINGS. Ver a un buey volar, a muchos necios vi afirmar. Algo increíble. Eso no te lo crees ni tú. I might win the lottery one day! And pigs might fly! ¡Quizá algún día gane la lotería! ¡ Cuando san Juan baje el dedo, y lo tiene de palo!

PIN A DAY IS A COIN A YEAR, A. Blanca a blanca hizo la vieja de oro una teja. Poco a poco hila la vieja el copo.

PITCHER GOES SO OFTEN TO THE WELL THAT IT IS BROKEN AT LAST, THE. Tantas veces va el cántaro a la fuente, que deja el asa o la frente.

PITIFUL MOTHER MAKES A NASTY DAUGHTER, A. Madre pía, daño cría.

PLAY, WOMEN, AND WINE UNDO MEN LAUGHING. La mujer y el vino sacan al hombre de tino.

POET IS BORN NOT MADE, A. El poeta nace, pero no se hace.

POISON IS POISON THOUGH IT COMES IN A GOLDEN CUP. La ponzoña, en oro se toma.

POOR FOLK ARE GLAD OF LITTLE. Alegría y pobreza, y no pesares y riqueza.

POOR FOLK FARE THE BEST. Quien no tiene, no teme.

POOR FOLKS ARE GLAD OF PORRIDGE. Del pobre, la bolsa con poco dinero rebosa.

POOR FOLKS' FRIENDS SOON DESERT THEM. Quien a pobreza viene, los amigos pierde.

POOR AND LIBERAL, RICH AND COVETOUS. El pobre da de lo poco que tiene; el rico, todo para sí lo quiere.

POOR MAN PAYS FOR ALL, THE. La soga siempre quiebra por lo más delgado.

POOR MAN'S TALE CANNOT BE HEARD, A. El pobre no va a concejo.

POOR SUFFER ALL THE WRONG, THE. Para los desgraciados se hizo la horca.

PORTER CALLS UPON GOD ONLY WHEN HE IS UNDER LOAD, THE. Rogar al santo hasta pasar el tranco. Acordarse de Santa Bárbara cuando truena. Pasado el tranco, olvidado el santo.

POT CALLS THE KETTLE BLACK, THE. Dijo la sartén a la caldera: quítate allá, culinegra.

POT THAT BELONGS TO MANY IS ILL STIRRED AND WORSE BOILED, A. Asno de muchos, lobos lo comen. El uno por el otro la casa sin barrer.

POURING OIL ON THE FIRE IS NOT THE WAY TO QUENCH IT. Apagar el fuego con aceite. Apagar el fuego con gasolina.

POVERTY IS NOT A CRIME. La pobreza no es vileza, más deslustra la nobleza.

POVERTY IS THE MOTHER OF CRIME. Tras la puerta del pobre, la vileza se esconde.

POVERTY PARTS FELLOWSHIP. De rico a pobre pasé, y sin amigos me quedé.

PRACTICE MAKES PERFECT. El uso hace maestro.

PRACTISE WHAT YOU PREACH. Quien quiere que le sigan, vaya delante.

PRAISE NO MAN TILL HE IS DEAD. Cuando estés muerto, todos te alabaremos.

PRAISE THE CHILD, AND YOU MAKE LOVE TO THE MOTHER. Al niño besa quien besar a la madre quisiera. Por la madre se besa al infante.

PRAISE THE LORD AND PASS THE AMMUNITION. A Dios rogando y con el mazo dando.

PRAISE WITHOUT PROFIT PUTS LITTLE IN THE POT. Obras son amores, que no buenas razones. Donde hay obras, las palabras sobran. Más obrar que hablar. Cacarear y no poner huevos, cada día lo vemos.

PREACHES WELL THAT LIVES WELL, HE. Bien predica quien bien vive.

PRESENT FASHION IS ALWAYS HANDSOME, THE. Lo nuevo place, y lo viejo satisface.

PRETTINESS DIES FIRST. La flor de la belleza es poco duradera.

PRETTINESS MAKES NO POTTAGE. De la hermosura no se unta ni se come.

PRETTY FACE, POOR FATE. Todas las hermosas son desdichadas.

PREVENTION IS BETTER THAN CURE. Más vale prever que lamentar. Más vale prevenir el mal con tiempo que después de venido buscar el remedio.

PROCRASTINATION IS THE THIEF OF TIME. No dejes para mañana lo que puedes hacer hoy. Mañana, cosa lejana, cuando no cosa vana.

PROMISE IS DEBT. ¿Prometiste? Deudor te hiciste. Lo prometido es deuda.

PROPHET IS NOT WITHOUT HONOUR, SAVE IN HIS OWN COUNTRY, A. Nadie es profeta en su tierra.

PROOF OF THE PUDDING IS IN THE EATING, THE. El movimiento se demuestra andando.

PROSPERITY MAKES FRIENDS, ADVERSITY TRIES THEM. En los males se conocen a los amigos leales; que en los bienes, muchos amigos tienes. En el peligro y la adversidad se conoce la amistad.

PROVERBS CANNOT BE CONTRADICTED. No hay refrán que no sea verdadero.

PUNISHMENT IS LAME BUT IT COMES. La pena es coja, mas llega. Que a la corta, que a la larga, todo se paga. Temprano o tardío, siempre llega el castigo.

PUT ANOTHER MAN'S CHILD IN YOUR BOSOM, AND HE WILL CREEP OUT AT YOUR ELBOW. Brasa, trae en el seno la que cría hijo ajeno.

PUT NO FAITH IN TALE - BEARERS. A quien traiga un cuento, desprécialo al momento.

PUT NOT FIRE TO FLAX. No pongas los perros en danza que ya danzan bastante por sí solos. Cuando la mala duerme, nadie la despierta.

PUT NOT THE BUCKET TOO OFTEN IN THE WELL. Tantas veces va el cántaro a la fuente, que deja el asa o la frente.

PUT OUT YOUR TUBS WHEN IT IS RAINING. La ocasión la pintan calva.

# Q

QUARREL OF LOVERS IS THE RENEWAL OF LOVE, THE. Riñas de enamorados, amores doblados. Riñen los amantes y quiérense más que antes. Riña de amantes, agua refrescante.

QUICK SENTENCE, FROM A FOOLISH JUDGE, A. Del juez necio, sentencia breve.

QUIET CONSCIENCE SLEEPS IN THUNDER, A. Sueño sosegado no teme nublado.

# R

RACE IS GOT BY RUNNING, THE. El movimiento se demuestra andando.

RAIN BEFORE SEVEN: FINE BEFORE ELEVEN. Tormenta por la mañana no quita pan ni jornada. Si de madrugada truena, a la mañana sal de la venta.

RAIN FALLS ON EVERY ROOF, THE. Cuando amanece, para todo el mundo amanece.

RAIN FALLS ON THE JUST AND UNJUST, THE. Cuando llueve, para todos llueve.

RAIN OF TEARS IS NECESSARY TO THE HARVEST OF LEARNING, THE. El aprender es amargura; el fruto es dulzura.

REAL FRIENDSHIP DOES NOT FREEZE IN WINTER. En los males se conocen los amigos leales; que en los bienes, muchos amigos tienes.

RECEIVER IS AS BAD AS THE THIEF, THE. Tan ladrón es él que roba, como el que apara.

RECONCILED FRIEND IS A DOUBLE ENEMY, A. Amigo reconciliado, chocolate recalentado. Amigo reconciliado, enemigo redoblado. Amistad de nuevo trabada es como llaga mal curada.

REFUSE AND TO GIVE TARDILY IS ALL THE SAME, TO. El que tarda en dar lo que promete, de lo prometido se arrepiente.

REMEDY MAY BE WORSE THAN THE DISEASE, THE. Puede ser peor el remedio que la enfermedad.

REMEMBER MAN AND KEEP IN MIND, A FAITHFUL FRIEND IS HARD TO FIND. Amigo leal y franco, mirlo blanco.

REMEMBER, TWO WATERMELONS CANNOT BE HELD UNDER ONE ARM. Muchos ajos en un mortero, mal los maja un majadero. El que mucho abarca, poco aprieta.

REMOVE AN OLD TREE AND IT WILL WITHER TO DEATH. Al buey viejo, múdale el pesebre y dejará el pellejo.

RESPECT IS GREATER FROM A DISTANCE. A donde te quieran mucho no vayas a menudo.

REVENGE IS A DISH BEST SERVED COLD. La venganza es un plato que se sirve frío.

REVENGE IS SWEET. La venganza es sabrosa.

RICH FOLK HAVE MANY FRIENDS. Aquellos tienen amigos, que son ricos.

RICH KNOWS NOT WHO IS HIS FRIEND, THE. Quédese pobre el rico, y verá claro que no tenía amigos. De rico a pobre pasé, y sin amigos me quedé.

RICH MAN'S JOKE IS ALWAYS FUNNY, A. Del que tiene dineros, suenan bien hasta los pedos. Las necedades del rico pasan por sentencias en el mundo.

RICH MAN MAY DINE WHEN HE WILL, THE POOR MAN WHEN HE MAY, THE. Para el rico, cuando quiere; para el pobre, cuando puede.

RICH MISER IS POORER THAN A POOR MAN, A. El avaro, cuanto más tiene está más menguado.

RIGHTEOUS MAN SINS BEFORE AN OPEN CHEST, THE. En arca abierta, el justo peca.

RIVERS NEED A SPRING. Principio quieren las cosas.

ROAD TO HELL IS PAVED WITH GOOD INTENTIONS, THE.

El infierno está empedrado de buenas intenciones. De buenos deseos no cumplidos está el infierno henchido.

ROLLING STONE GATHERS NO MOSS, A. Piedra movediza, nunca moho la cobija.

ROME WAS NOT BUILT IN A DAY. No se ganó Zamora en una hora, ni Roma se fundó luego toda.

ROTTEN APPLE INJURES ITS NEIGHBOURS, THE. La manzana podrida, pierde a su compañía.

# S

SALMON AND SERMON HAVE THEIR SEASON IN LENT. Cada cosa en su tiempo, y los nabos en adviento.

SALT WATER AND ABSENCE WASH AWAY LOVE. Ausencia al más amigo, presto le pone en olvido.

SATAN REBUKING SIN. Dijo la sartén a la caldera: quítate allá culinegra.

SAYING AND DOING ARE TWO DIFFERENT THINGS. Del dicho al hecho hay mucho trecho.

SAYING IS ONE THING, AND DOING ANOTHER. Del dicho al hecho hay mucho trecho. Cacarear y poner huevos, todos los días vemos.

SCRATCH MY BACK AND I WILL SCRATCH YOURS. Favor con favor se paga.

SCRATCH MY BREECH AND I WILL CLAW YOUR ELBOW. Hazme la barba, hacerte he el copete. Favor con favor se paga.

SCALDED CAT FEARS HOT WATER, A. El gato escaldado del agua fría huye.

SECRET FOE GIVES A SUDDEN BLOW, A. El peor enemigo es el escondido.

SEEING IS BELIEVING. Ver y creer, como Santo Tomás.

SELDOM SEEN, SOON FORGOTTEN. Ausencia prolongada, amistad enfriada.

SELF - PRESERVATION IS THE FIRST LAW OF NATURE. El último mono es el que se ahoga. El que venga atrás que arree.

SEND A FOOL TO FRANCE AND HE WILL RETURN A FOOL. Quien bestia va a Roma, bestia retorna.

SEND A FOOL TO THE MARKET AND A FOOL HE WILL RETURN AGAIN. Bobos van al mercado cada cual con su asno.

SERVANTS MAKE THE WORST MASTERS. Ni sirvas a quien sirvió, ni pidas a quien pidió.

SET A BEGGER ON HORSEBACK AND HE WILL RIDE TO THE DEVIL. Cuando el villano está rico, ni tiene parientes ni amigos. Cuando los descamisados llevan camisas y calzones, se vuelven unos Nerones.

SET A THIEF TO CATCH A THIEF. A ruin, ruin y medio.

SHALLOW STREAMS MAKE THE MOST DIN. Perro ladrador, nunca buen mordedor.

SHE IS WELL MARRIED, WHO HAS NEITHER MOTHER - IN - LAW BY HER HUSBAND. La que no tiene suegra ni cuñada, esa es bien casada.

SHOD IN THE CRADLE, BAREFOOT IN THE STUBBLE. A tu hijo, buen nombre y oficio; que la hacienda, como pájaro vuela.

SHOEMAKER´S SON ALWAYS GOES BAREFOOT, THE. En casa del herrero, cuchillo de palo.

SHORT BOUGHS, LONG VINTAGE. Ramo corto, vendimia larga.

SHORT FOLK ARE SOON ANGRY. En chimenea pequeña cabe poco humo. En pequeño botijo, poca agua cabe. Pucherito pequeño, rebosa luego.

SHORT PLEASURE, LONG PAIN. A placeres breves, dolores nada leves.

SHORT PRAYER REACHES HEAVEN, A. Amén, amén, al cielo llega.

SHORT RECKONINGS MAKE LONG FRIENDS. Cuanto más amigos, más claridad.

SHORTEST WAY ROUND IS THE LONGEST WAY HOME, THE. Nunca dejes el camino llano por el atajo. No hay atajo sin trabajo.

SHROUDS HAVE NO POCKETS. Dijo la muerte al dinero: ' Para nada te quiero.'

SHUT MOUTH CATCHES NO FLIES, A. En boca cerrada, no entran moscas.

SILENCE IS GOLDEN. El poco hablar es oro y el mucho es lodo.

SILENCE MEANS CONSENT. Quien calla otorga.

SILVER KEY CAN OPEN AN IRON LOCK, A. No hay cerradura segura, si de oro es la ganzúa.

SIN PLUCKS ON SIN. Ningún pecado anda solo. Los pecados son cadena: unos eslabones a otros se agregan.

SIX FEET OF EARTH MAKE ALL MEN EQUAL. A dos metros bajo tierra todos somos iguales.

SKILL IS NO BURDEN. El saber no ocupa lugar.

SKILL WILL ACCOMPLISH WHAT IS DENIED TO FORCE. Más vale maña que fuerza.

SLANDER LEAVES A MARK BEHIND IT. Calumnia, que algo queda.

SLEEPY FOX HAS SELDOM FEATHERED BREAKFAST, THE. Al zorro durmiente, no le amanece la gallina en el vientre.

SLEEPY MASTER MAKES HIS SERVANT A LOUT, A. El amo hace al criado; si bueno, bueno; si malo, malo.

SLOTHFUL MAN IS THE BEGGAR´S BROTHER, THE. Pereza, llave de pobreza.

SLOW BUT SURE WINS THE RACE. Persevera, persevera, y ganarás la bandera.

SLOW HELP IS NO HELP. Al socorro, pronto.

SLUGGARD MUST BE CLAD IN RAGS, THE. El perezoso siempre es menesteroso.

SMALL RICHES HATH MOST REST. Cuanto mayor es la fortuna, tanto es menos segura. A más oro, menos reposo.

SMALL IS THE SEED OF EVERY GREATNESS. La mayor encina fue bellota chiquitina.

SMELL OF GARLIC TAKES AWAY THE SMELL OF ONIONS, THE. Un clavo saca otro clavo.

SMOKE OF A MAN'S OWN COUNTRY IS BETTER THAN THE FIRE OF ANOTHER´S, THE. Más vale el humo de mi casa que el fuego de la ajena.

SMALL SPARK MAKES A GREAT FIRE, A. Por una nuez chica, gran árbol de noguera.

SNOW YEAR, A RICH YEAR, A. Año de nieves, año de bienes.

SO MANY COUNTRIES, SO MANY CUSTOMS. En cada tierra, su uso, y en cada casa su costumbre.

SO MANY MEN, SO MANY OPINIONS. Tantos hombres, tantos pareceres.

SO MANY SERVANTS, SO MANY ENEMIES. Los criados, son enemigos pagados.

SOFT ANSWER TURNETH AWAY WRATH, A. La blanda respuesta, la ira quiebra; la dura, la despierta.

SOME MAKE A MATTER OF CONSCIENCE OF SPITTING IN THE CHURCH, YET ROB THE ALTAR. A la puerta del rezador, no tiendas el trigo al sol. Beatas con devoción las tocas bajas y el rabo ladrón.

SOME PEOPLE CANNOT SEE THE WOOD FOR THE TREES. Los árboles no dejan ver el bosque.

SOMETHING IS BETTER THAN NOTHING. Más vale algo que nada.

SOMETIMES THE BEST GAIN IS TO LOSE. El perder, a veces ganar es.

SOMETIMES YOU MUST BE CRUEL TO BE KIND. Quien bien te quiere, te hará llorar.

SOONER BEGUN, SOONER DONE. La buena jornada, empieza muy de mañana. La buena hilandera, de madrugada prepara su tela.

SORROW WILL PAY NO DEBT. Tristezas no pagan trampas, sino trabajar para pagarlas.

SOUL ALONE NEITHER SINGS NOR WEEPS, A. Un alma sola, ni canta ni llora.

SOW THE WIND AND REAP THE WHIRLWIND. Quien siembra vientos, recoge tempestades.

SOW THIN AND MOW THIN. Quien es mezquino al sembrar, pocas gavillas atará.

SPARE THE ROD AND SPOIL THE CHILD. Quien bien te quiere te hará llorar.

SPARE WHEN YOU ARE YOUNG, AND SPEND WHEN YOU ARE OLD. Guarda cuando mozo fueres, y hallarás cuando viejo.

SPEAK FITLY, OR BE SILENT WISELY. Habla convenientemente o calla prudentemente.

SPEAK WELL OF YOUR FRIENDS, OF YOUR ENEMY SAY NOTHING. Del enemigo piensa mal; mas no hables mal.

SPIRIT IS WILLING, BUT THE FLESH IS WEAK, THE. El espíritu está preparado, pero la carne es débil.

SPREAD THE TABLE, AND CONTENTION WILL CEASE. Los duelos con pan, son menos. El comer todo lo tapa.

SPUR A HORSE A QUESTION, AND HE WILL KICK YOU AN ANSWER. Quien pregunta lo que no debe oye lo que no quiere.

SQUEAKING WHEEL GETS THE GREASE, THE. El que no llora no mama.

STANDING POOLS GATHER FILTH. Agua corriente, no mata a la gente.

STEP AFTER STEP THE LADDER IS ASCENDED. Escalón a escalón, se sube la escalera a mejor mansión.

STILL TONGUE MAKES A WISE HEAD, A. Al buen callar llaman Sancho.

STILL WATERS RUN DEEP. 1. Del agua mansa me libre Dios que de la brava me libro yo. 2. La procesión va por dentro.

STITCH IN TIME SAVES NINE, A. Una puntada a tiempo salva ciento.

STOLEN GOODS NEVER THRIVE. Bienes mal adquiridos, a nadie han enriquecido.

STOLEN PLEASURES ARE SWEETEST. Fruto vedado, el más deseado.

STOLEN WATERS ARE SWEET. Fruta prohibida, más apetecida. No hay tal fruta como la que se hurta.

STONED - DEAD HAS NO FELLOW. Muertos y ausentes no tienen amigos ni parientes.

STRAIGHT STICK IS CROOKED IN THE WATER, A. No hay que dejarse llevar por las apariencias. Muchas veces no son las cosas lo que parecen.

STRAIGHT TREES HAVE CROOKED ROOTS. Botas y gabán esconden mucho mal.

STRETCH YOUR LEGS ACCORDING TO YOUR COVERLET. Cada uno extienda la pierna sino hasta donde la sábana llega.

STRIKE WHILE THE IRON IS HOT. Aprovechar la ocasión. Al hierro candente, batir de repente.

STRINGS HIGH STRETCHED EITHER SOON CRACK OR QUICKLY GROW OUT OF TUNE. Tanto el cántaro va a la fuente, que alguna vez se rompe.

STRONG TOWN IS NOT WON IN AN HOUR, A. No se ganó Zamora en una hora.

STUMBLE MAY PREVENT A FALL, A. Entre caer y tropezar se aprende a andar. El que tropieza y no cae, adelanta terreno. Para aprender, perder. Perdiendo se aprende.

SUCH A LIFE, SUCH A DEATH. Como se vive, se muere.

SUCH ANSWER AS MAN GIVES, SUCH WILL HE GET. Donde las dan las toman.

SUCH TREE, SUCH FRUIT. De tal cepa, tal vino.

SUFFERING IS BITTER, BUT ITS FRUITS ARE SWEET. Lo que más trabajo cuesta, más dulce se muestra.

SUFFICIENT UNTO THE DAY IS THE EVIL THEREOF. Preocuparse uno de lo que se tiene entre manos y no de lo que pueda ocurrir mañana. Mañana será otro día y verá el tuerto los espárragos.

SUN SHINES UPON ALL ALIKE, THE. Cuando el sol sale, para todos sale. Cuando llueve, para todos llueve igual. A todos calienta el sol.

SWINE OVER FAT, IS CAUSE OF HIS OWN BANE, A. La vida del puerco, corta y larga.

# T

TAKE AWAY FUEL, TAKE AWAY FLAME. Reniego de quien echa aceite sobre el fuego.

TAKE AWAY MY GOOD NAME, AND TAKE AWAY MY LIFE. Más vale perderse el hombre que, si es bueno, perder el nombre.

TAKE CARE OF THE PENCE AND THE POUNDS WILL TAKE CARE OF THEMSELVES. Un grano no hace granero, pero ayuda al compañero.

TAKE HEED OF MAD FOOLS IN A NARROW PLACE. Estar con un loco en un lugar estrecho tiene su riesgo. De locos, y en lugar estrecho, espera daño y no provecho.

TAKE HEED OF RECONCILED ENEMIES. Amigo reconciliado, enemigo doblado. Amigo reconciliado, chocolate recalentado. Amistad reconciliada, taza rota y mal pegada.

TAKE NOT A MUSKET TO KILL A BUTTERFLY. No uses un cañón para matar a un gorrión.

TAKE THE BULL BY THE HORNS. Coger el toro por los cuernos.

TAKE THE FIRST ADVICE OF A WOMAN AND NOT THE SECOND. De la mujer, el primer; el segundo no lo quiero.

TAKE THE WILL FOR DEED. La voluntad es la regla justa de las obras.

TAKE THINGS AS THEY COME. No pongas el barro antes de que te haya picado el tábano. No te pongas la venda hasta que no te hagan la herida.

TAKE THINGS AS YOU FIND THEM. Donde fueres haz lo que vieres.

TAKE TIME BY THE FORELOCK. Aprovecha el presente.

TAILOR MAKES THE MAN, THE. Las plumas hacen a las aves hermosas. Viste a un palo.

TALK MUCH AND ERR MUCH. Quien mucho habla, mucho yerra.

TALK OF THE DEVIL AND HE WILL APPEAR. En nombrando al rey de Roma, por la puerta asoma. Dicho refrán se abrevia a, Talk of the devil.

TALK OF THE DEVIL, AND HE IS BOUND TO APPEAR. En nombrando al ruin de Roma, por la puerta asoma.

TASTES DIFFER. De gustos no hay nada escrito.

TEACHING OF OTHERS, TEACHETH THE TEACHER. Enseñar es volver a aprender.

TELL A LIE AND FIND A TRUTH. Meter mentira para sacar verdad, ruin habilidad. Di mentira y saca verdad.

TELL ME WITH WHOM YOU GO, AND I WILL TELL YOU WHAT YOU DO. Dime con quien andas, y te diré quien eres.

THAT DELAY IS GOOD WHICH MAKES THE WAY THE SAFER. Las prisas matan.

THAT WHICH COMES OF A CAT WILL CATCH MICE. El hijo de la gata, ratones mata.

THAT WHICH GOD WILL GIVE, THE DEVIL CANNOT TAKE AWAY. Más puede Dios que el diablo.

THAT WHICH IS GOOD FOR THE BACK, IS BAD FOR THE HEAD. Con lo que Sancho sana, Domingo adolece. Nunca llueve a gusto de todos.

THAT WHICH IS GOOD FOR THE HEAD, IS EVIL FOR THE NECK AND THE SHOULDERS. Con lo que Sancho sana, Domingo adolece.

THAT YE BE NOT JUDGED, JUDGE NOT. De ninguno has de decir lo que de tí no quieres oír. Antes de decir de otro < cojo es >>, mírate tus pies.

THATCH YOUR ROOF BEFORE THE RAIN BEGINS. Más vale evitar que remediar.

THE BEGINNING OF HEALTH IS SLEEP. El sueño es media vida, y la otra media, la comida.

THE BEST ADVICE IS FOUND ON THE PILLOW. Antes de hacer nada, consúltalo con la almohada.

THE BEST GO FIRST. A quien Dios quiere para sí, poco tiempo lo tiene aquí.

THE BEST MIRROR IS AN OLD FRIEND. No hay mejor espejo, que el amigo viejo

THE BEST THROW OF THE DICE, IS TO THROW THEM AWAY. Lo mejor de los dados es no jugarlos.

THE BETTER LAWYER IS THE WORSE CHRISTIAN. Buen abogado, mal cristiano.

THE BORROWER IS SERVANT TO THE LENDER. Quien me presta, me gobierna.

THE BULL MUST BE TAKEN BY THE HORNS. Coger al toro por los cuernos.

THE DANGER PAST, GOD IS FORGOTTEN. Acordarse uno de Santa Bárbara sólo cuando truena. Pasado el tranco, olvidado el santo.

THE DEATH OF THE WOLVES IS THE SAFETY OF THE SHEEP. A quien mucho tememos, muerto le queremos.

THE DOG THAT FETCHES, WILL CARRY. Quien te cuenta las faltas de otro, las tuyas tiene al ojo.

THE END MAKES ALL EQUAL. Ricos y pobres, la tierra se los come.

THE ESCAPED MOUSE EVER FEELS THE TASTE OF THE BAIT. El gato escaldado, del agua fría huye.

THE EVENING CROWNS THE DAY. No hay nadie bueno hasta que se ha muerto.

THE FAIR AND THE FOUL, BY DARK ARE SIMILAR. De noche todos los gatos son pardos. A oscuras, nada vale la hermosura.

THE FAIREST FLOWERS SOONEST FADE. La flor de la hermosura, cual la de mayo dura.

THE FAIREST ROSE AT LAST IS WITHERED. La flor de la hermosura, muy vistosa y poco dura.

THE FIRST BLOW IS HALF THE BATTLE. Quien da primero, da dos veces.

THE FIRST BREATH IS THE BEGINNING OF DEATH. Cuando empezaste a vivir, empezaste a morir.

THE FIRST STEP IS THE HARDEST. Todos los principios son dificultosos.

THE FIRST WIFE IS MATRIMONY, THE SECOND COMPANY, THE THIRD HERESY. La primera mujer es matrimonio; la segunda, compañía; la tercera, bellaquería.

THE FISH WILL SOON BE CAUGHT THAT NIBBLES AT EVERY BAIT. El pez que busca el anzuelo, busca su duelo. El que ama el peligro, en él perece.

THE GOOD DIE YOUNG. A quien Dios quiere para sí, poco tiempo lo tiene aquí.

THE GREATEST STEP IS THAT OUT OF DOORS. Hasta salir de casa, es la peor jornada. El primer paso es el que cuesta más trabajo. Echar a andar es lo más difícil del caminar.

THE GREATEST TALKERS ARE THE LEAST DOERS. Cacarear y no poner huevos, cada día lo vemos.

THE HOG NEVER LOOKS UP TO HIM THAT THRESHES DOWN THE ACORNS. Echar confites a un cochino es un desatino.

THE KETTLE CALLS THE POT BURNT - ARSE. Dijo la sartén a la caldera: quítate allá, culinegra.

THE LABOURER IS WORTHY OF HIS HIRE. El obrero es digno de su salario.

THE MORE DANGER, THE MORE HONOUR. Donde no hay riesgo, no se gana mérito.

THE MORE ONE KNOWS, THE LESS ONE BELIEVES. Quien más se sabe, menos cree.

THE MORE YOU RUB A CAT ON THE RUMP, THE HIGHER SHE SETS HER TAIL. Al viejo gato, ponle en el lomo la mano, y levantarte ha el rabo.

THE MORE HURRY, THE LESS SPEED. Cuanto más deprisa, más despacio.

THE MORE WOMEN LOOK IN THEIR GLASS, THE LESS THEY LOOK TO THEIR HOUSE. La mujer, cuanto más se mira a la cara, tanto más destruye la casa

THE MORE YOU TRAMP ON A TURD, THE BROADER IT GROWS. La mierda, cuanto más la hurgan, más huele.

THE NOBLEST VENGEANCE IS TO FORGIVE. No hay trofeo como el

perdonar.

THE OFFENDER NEVER PARDONS. Quien ofendió, jamás perdonó.

THE ONLY GOOD ENEMY IS A DEAD ENEMY. El mejor enemigo, es el enemigo muerto.

THE OX IS NEVER WOE, TILL LIE TO HARROW GO. El buey traba el arado, mas no de su grado.

THE RECEIVER IS AS BAD AS THE THIEF. Tanto roba el ladrón como el que apara.

THE TONGUE BREAKS BONE, AND HERSELF HAS NONE. La lengua, aunque no tiene huesos, los quiebra.

THE TONGUE IS MORE VENOMOUS THAN A SERPENT'S STING. Una mala lengua destruye un barrio y una villa entera.

THE TONGUE IS NOT STEEL YET IT CUTS. La lengua malvada corta más que la espada.

THE WEAPON OF THE BRAVE IS IN HIS HEART. A quien no tiene corazón, poco aprovecha espada y lanzón.

THE WORLD'S GLORY SOON VANISHES. Gloria vana, florece y no grana.

THE WORLD IS FULL OF FOOLS. De necios está el mundo lleno.

THE WORSE LUCK NOW, THE BETTER ANOTHER TIME. A todos nos sonríe la fortuna alguna vez en la vida.

THE WORST HOG OFTEN GETS THE BEST PEAR. Siempre lo verás, al que menos se lo merece siempre se lo dan.

THERE ARE AS GOOD FISH IN THE SEA AS EVER CAME OUT OF IT. Cuando una puerta se cierra, otra se abre.

THERE ARE MANY WAYS TO FAME. Con obras, no con palabras, la buena fama se labra.

THERE ARE MORE MEN THREATENED THAN STRICKEN. Más son los amenazados que los acuchillados.

THERE ARE MORE WAYS TO KILL A CAT THAN CHOKING IT WITH CREAM. Cada uno tiene su modo de matar pulgas.

THERE ARE MORE WAYS TO KILL A DOG THAN HANGING IT. Cada maestrillo tiene su librillo.

THERE ARE NO BIRDS IN LAST YEAR´S NESTS. En los nidos de antaño, no hay pájaros hogaño.

THERE IS A BLACK SHEEP IN EVERY FLOCK. No hay olla sin algún garbanzo negro.

THERE'S A LAW FOR THE RICH, AND ANOTHER FOR THE POOR. El desorejado, al primer hurto es ahorcado.

THERE WERE NO ILL LANGUAGE, IF IT WERE NOT ILL TAKEN. No habría palabra mala si no fuese mal tomada.

THERE IS AN ART EVEN IN ROASTING APPLES. Hasta para encender lumbre hay que tener costumbre.

THERE IS A BLACK SHEEP IN EVERY FLOCK. Nacer de ovejas blancas, corderos negros, con frecuencia lo vemos. No hay olla sin algún garbanzo negro.

THERE IS A REMEDY FOR ALL THINGS BUT DEATH. Todo tiene remedio, menos la muerte.

THERE IS GREAT DIFFERENCE BETWEEN WORD AND DEED. Del dicho al hecho hay mucho trecho.

THERE IS HONOUR AMONG THIEVES. Entre bomberos no nos pisamos la manguera.

THERE'S MANY GOOD TUNE PLAYED ON AN OLD FIDDLE. Al músico viejo le queda el compás.

THERE IS MANY A TRUE WORD SPOKEN IN JEST. Bromeando, bromeando, amargas verdades se van soltando.

THERE IS MANY A SLIP TWIXT THE CUP AND THE LIP. De la mano a la boca se pierde la sopa. No vendas la piel del oso sin haberlo muerto.

THERE IS MORE THAN ONE WAY TO SKIN A CAT. Cada maestrico tiene su librico.

THERE IS MORE THAN ONE WAY TO PEEL A BANANA. Hay muchas maneras de matar pulgas. Cada maestrico tiene su librico.

THERE IS NO ACCOUNTING FOR TASTES. De gustos no hay nada escrito.

THERE IS NO COMPANION LIKE THE PENNY. No hay tan buen compañero como el dinero.

THERE IS NO DISPUTING ABOUT TASTES. De gustibus non est disputandium. De gustos no se discute.

THERE IS NO FENCE AGAINST ILL FORTUNE. Contra la mala fortuna no hay arte alguna.

THERE'S NO GOOD ACCORD, WHERE EVERY MAN WOULD BE A LORD. El mandar no quiere par.

THERE' S NO GREAT LOSS WITHOUT SOME GAIN. Donde no se perdido todo, algo se va ganado.

THERE IS NOTHING NEW UNDER THE SUN. No hay nada nuevo bajo la capa del cielo. No hay nada nuevo bajo el sol.

THERE IS NOTHING PERMANENT EXCEPT CHANGE. Nada es permanente, excepto el cambio.

THERE IS NO PACK OF CARDS WITHOUT A KNAVE. Días de mucho, vísperas de nada.

THERE IS NO PEACE FOR THE WICKED. No Habrá paz para los malvados.

THERE'S NO PLACE LIKE HOME. A cada pajarillo le gusta su nidillo.

THERE IS NO PLEASURE WITHOUT PAIN. El que algo quiere algo le cuesta.

THERE IS NO ROYAL ROAD TO LEARNING. El aprender es amargura, el fruto es dulzura.

THERE IS A SIN OF OMISSION AS WELL AS OF COMMISSION. Quien calla otorga.

THERE IS NO GOING TO HEAVEN IN A SEDAN. El mal bien sufrido, para el cielo.

THERE IS NO LITTLE ENEMY. No hay enemigo chico. Para enemigo, basta un mosquito. Cada renacuajo tiene su cuajo.

THERE IS NO SMOKE WITHOUT FIRE. Cuando el río suena, agua lleva. Donde fuego se hace, humo sale.

THERE IS NO TIME LIKE THE PRESENT. Aprovechar la ocasión. Agua pasada no muele molino.

THERE IS NOT THE THICKNESS OF A SIXPENCE BETWEEN GOOD AND EVIL. Del bien al mal no hay un canto de real.

THERE IS NOTHING LOST BY CIVILITY. Buena respuesta, mucho vale y poco cuesta.

THERE IS NOTHING THAT COSTS LESS THAN CIVILITY. Cortesía de boca, mucho vale y poco cuesta.

THERE IS NOT SUCH A THING AS A FREE LUNCH. Todo regalo encubre engaño. Raro es el regalo tras el que no esconde algo malo. Más caro es lo dado que lo comprado. Sólo hay queso gratis en las ratoneras. Nadie regala nada a cambio de nada.

THERE IS A REMEDY FOR ALL THINGS BUT DEATH. A todo hay remedio, sino a la muerte.

THERE IS A TIDE IN THE AFFAIRS OF MEN. La ocasión no admite dilación. Acecha la ocasión, y al pasar, cógela por el mechón.

THERE IS A TIME FOR EVERYTHING. Cada cosa a su tiempo y los nabos en Adviento.

THERE IS A TIME TO SPEAK AND A TIME TO BE SILENT. Aprended a bien callar, para que sepáis bien hablar.

THERE WERE NO ILL LANGUAGE, IF IT WERE NOT ILL TAKEN. No hay palabra mal dicha si no fuese mal entendida.

THERE WOULD BE NO GREAT ONES IF THERE WERE NO LITTLE ONES. No es tan gruesa la gallina, que no haya menester a su vecina.

THEY ARE RICH WHO HAVE TRUE FRIENDS. Aquellos son ricos que tienen amigos.

THEY BRAG MOST WHO CAN DO LEAST. El que mucho habla, poco hace.

THEY CAN DO LEAST WHO BOAST LOUDEST. El que mucho habla, poco hace. Cacarear y no poner huevos, cada día lo vemos.

THEY THAT HAVE GOT GOOD STORE OF BUTTER, MAY LAY IT THICK ON THEIR BREAD. Quien más tiene, más puede.

THEY THAT HAVE NO OTHER MEAT, BREAD AND BUTTER ARE GLAD TO EAT. A falta de polla, pan y cebolla. A falta de pan, buenas son tortas.

THIEF PASSES FOR A GENTLEMAN WHEN STEALING HAS MADE HIM RICH, A. Llegan a ser ricos los osados y los ladrones, y en llegando, ya son nobles.

THIEF KNOWS A THIEF AS A WOLF KNOWS A WOLF, A. El ladrón conoce al ladrón, como el lobo al lobo.

THINGS ARE SELDOM WHAT THEY SEEM. Muchas veces no son las cosas lo que parecen.

THOSE WHO LIVE IN GLASS HOUSES SHOULD NOT THROW STONES. El que tiene tejado de vidrio, no tire piedras al del vecino. Antes de decir de otro << cojo es>>, mírate los pies.

THOUGH A LIE BE SWIFT, THE TRUTH OVERTAKES IT. Antes se coge a un cojo que a un mentiroso. La mentira presto es vencida.

THOUGH A LIE BE WELL DREST, IT IS EVER OVERCOME. Aunque compuesta, la mentira siempre es vencida. Aunque malicia oscurezca la verdad, no la puede apagar.

THOUGH THE FOX RUN, THE CHICKEN HAS WINGS. A cautela, cautela y media.

THOUGH YOU RISE EARLY, YET THE DAY COMES AT HIS TIME, AND NOT TILL THEN. No por mucho madrugar amanece más temprano.

THOUGH YOUR ENEMY SEEM A MOUSE, YET WATCH HIM LIKE A LION. Para enemigo, basta un mosquito. Quien a su enemigo tiene en poco, o es muy valiente, o es un loco.

THREAD BREAKS WHERE IT IS WEAKEST, THE. Siempre quiebra la soga por lo más delgado.

THREE MAY KEEP A SECRET, IF TWO OF THEM ARE DEAD. Secreto de uno, de ninguno; secreto de dos, sábelo Dios; secreto de tres, secreto no es.

THREE THINGS ARE NOT TO BE TRUSTED: A COW'S HORN, A DOG'S TOOTH, AND A HORSE'S HOOF. No te fíes del cielo estrellado ni del gato que miana. Ni de cojera de perro, ni de buen sol de febrero.

THREE THINGS DRIVE A MAN OUT OF HIS HOUSE - SMOKE, RAIN AND A SCALDING WIFE. Tres cosas echan al hombre de casa fuera; el humo, la gotera y la mujer vocinglera.

THROUGH HARDSHIP TO THE STARS. No hay atajo sin trabajo. El que algo quiere algo le cuesta.

THROUGH OBEDIENCE LEARN TO COMMAND. No sabe mandar quien no sabe obedecer.

THROW DIRT ENOUGH, AND SOME WILL STICK. Calumnia, que algo queda.

THROW OUT A SPRAT TO CATCH A MACKEREL. No es mucho perder un boquerón, para pescar un salmón.

THY THAT SOW THE WIND SHALL REAP THE WHIRLWIND. Quien siembra vientos, recoge tempestades.

TIME CURES ALL THINGS. El tiempo lo cura todo, o lo pone de lodo.

TIME DEVOURS ALL THINGS. Hasta las piedras las destruye el tiempo.

TIME IS A FILE THAT WEARS AND MAKES NO NOISE. No hay tal vencedor como el tiempo.

TIME FLIES. El tiempo vuela que se las pela. Goodness! It´s nearly dinner time! How time flies! ¡Dios mio! ¡Casi es la hora del almuerzo! ¡El tiempo vuela que se las pela!

TIME IS THE GREAT HEALER. Más cura el tiempo que soles y vientos.

TIME IS MONEY. Perdiendo tiempo no se gana dinero. El tiempo no es oro, pero vale más que el oro; se recobra el oro que se perdió, y el tiempo perdido, no.

TIME LOST CANNOT BE RECALLED. Tiempo no aprovechado, viento que ha pasado.

TIME AND TIDE WAIT FOR NO MAN. Tiempo ni hora se ata con soga. Ocasión que dejaste escapar, para ciento y un años perdida está. La ocasión no admite dilación. La ocasión la pintan calva. Acecha la ocasión, y al pasar, cógela por el mechón.

TIME IS, TIME WAS, AND TIME IS PAST. Tiempo presente, al mentarlo ya es ausente.

TIME WILL TELL. El tiempo lo dirá.

TIME WORKS WONDERS. Ninguna cosa hay tan dura que el tiempo no la madura.

TIMES CHANGE AND WE WITH THEM. El tiempo mudado, el pensamiento cambiado.

TIT FOR TAT IS FAIR PLAY. Donde las dan las toman. Devolver golpe por golpe. Pagar con la misma moneda.

TO A BOILING POT, FLIES COME NOT. A olla que hierve, ninguna mosca se atreve.

TO DEAD MEN AND ABSENT THERE NO FRIENDS LEFT. Ausentes y muertos, nadie se acuerda de ellos.

TO DECEIVE A DECEIVER IS NO DECEIT. Quien engaña al engañador, cien días gana de perdón.

TO GO FOR WOOL AND COME HOME SHORN. Ir a por lana y volver trsasquilado.

TO A GRATEFUL MAN GIVE MONEY WHEN HE ASKS. Al algradecido,

más de lo pedido.

TO HAVE A GOOD NEIGHBOUR IS TO FIND SOMETHING PRECIOUS. Más vale buen vecino que pariente ni primo.

TO SET A THIEF TO CATCH A THIEF. Nada mejor que un ladrón para atrapar a otro ladrón. Set a thief to catch a thief does not apply when the thief in question is still a member of a criminal gang. La táctica de usar a un ladrón para atrapar a otro ladrón no sirve, cuando el ladrón en cuestión, todavía forma parte de una banda de delincuentes.

TO THE JAUNDICED EYE ALL THINGS LOOK YELLOW. El que tiene ictericia, todo lo ve amarillo.

TO USE A HAMMER TO CRACK A NAT. No pidas un cañón para matar a un gorrión.

TODAY A MAN, TOMORROW NONE. Hoy figura, mañana sepultura.

TO- DAY GOLD, TOMORROW DUST. Hoy figura, mañana sepultura.

TOMORROW IS ANOTHER DAY. Mañana será otro día y verá el tuerto los espárragos.

TOMORROW NEVER COMES. Mañana, cosa lejana, cuando no cosa vana.

THE TONGUE EVER TURNS TO THE ACHING TOOTH. ¿Adónde va la lengua? Adonde duelen las muelas.

TOO MANY COOKS SPOIL THE BROTH. Dos gallos cantan mal en un gallinero. Dos gallos en un gallinero, el uno trae al otro al retortero. El mandar no quiere par.

TOO MUCH CURIOSITY LOST PARADISE. El pez que busca el anzuelo, busca su duelo. Muchas veces, el que escarba, lo que no quiere halla. Escarbó el gallo y descubrió el cuchillo para su daño.

TOO MUCH CUNNING UNDOES. Al astucioso, su astucia le pierde.

TOO MUCH HONEY CLOYS THE STOMACH. Toda demasía enfada y hastía. Todos los días perdiz cansa.

TOO MUCH HOPE DECEIVES. Esperanza larga aflige el corazón y el alma.

TRADE IS THE MOTHER OF MONEY. Quien ha oficio, ha beneficio.

TRAMP ON A SNAIL, AND SHE WILL SHOOT OUT HER HORNS. Cada renacuajo tiene su cuajo.

TREE IS KNOWN BY ITS FRUIT, A. Cada uno se conoce por sus obras.

TREE OFTEN TRANSPLANTED, BEARS NOT MUCH FRUIT, A. Planta muchas veces traspuesta, ni crece ni medra.

TREES ARE TALL BUT THEY DO NOT REACH TO THE SKY. Nadie es tan importante como para ser imprescindible.

TRUST IS THE MOTHER OF DECEIT. Una vez engañan al prudente y dos al inocente.

TRUST NOT A WOMAN WHEN SHE WEEPS. En cojera de perro y en lágrima de mujer, no hay que creer.

TRUTH BREEDS HATRED. Mal me quieren mis comadres porque digo las verdades.

TRUTH IS MIGHTY AND WILL PREVAIL. La verdad es grande y prevalece.

TRUTH AND OIL ARE EVER ABOVE. La verdad como el aceite nada en lo más alto.

TRUTH IS STRONGER AND WILL PREVAIL. La verdad es fuerte y prevalecerá.

TRUTH SEEKS NO CORNERS. La verdad huye de los rincones.

TRY YOUR FRIEND BEFORE YOU TRUST. Amistad no probada, ni es amistad ni es nada.

TWO IS COMPANY, THREE IS NONE. Compañía de tres, compañía de todo el mundo.

TWO IN DISTRESS MAKES SORROW LESS. Mal de muchos, consuelo de tontos.

TWO DOGS FIGHT FOR A BONE, AND A THIRD RUNS AWAY WITH IT. De dos que pleitean, otros se aprovechan. Dos por el conejo se pelean, y llega el tercero y se lo lleva.

TWO DOGS STRIVE FOR A BONE, AND A THIRD RUNS AWAY WITH IT. Dos por un conejo pelean, y llega el tercero y se lo lleva.

TWO HEADS ARE BETTER THAN ONE. Más ven cuatro ojos que dos.

TWO IN DISTRESS MAKE SORROW LESS. Mal de muchos, consuelo de tontos.

TWO SPARROWS ON ONE EAR OF CORN MAKE AN ILL AGREEMENT. Dos gorriones en una espiga hacen mala miga.

TWO SUNS CANNOT SHINE IN ONE SPHERE. El mandar no quiere par. Dos gallos cantan mal en un gallinero.

TWO OF A TRADE NEVER AGREE. Araña, ¿Quién te arañó? Otra araña como yo.

# U

UNITED WE STAND, DIVIDED WE FALL. Nación dividida, nación destruída. División y destrcción, hermanas gemelas son. La división y la destrucción, de un parto son.

# V

VAINGLORY BLOSSOMS BUT NEVER BEARS. La vanagloria florece, mas no engrandece.

VARIETY IS THE SPICE OF LIFE. En la variedad está el gusto.

VICE IS OFTEN CLOTHED IN VIRTUE'S HABIT. Va el vicio con ropa rozagante, y la virtud con un trapo atrás y otro delante.

VISIT YOUR AUNT, BUT NOT EVERYDAY OF THE YEAR. A casa de tu tía, mas no cada día.

VOICE OF THE PEOPLE IS THE VOICE OF GOD, THE. La voz del pueblo es la voz de Dios.

VOWS MADE IN STORMS ARE FORGOTTEN IN CALMS. Acordarse de Santa Bárbara cuando truena.

# W

WAKE NOT ASLEEPING LION. Mejor no meneallo.

WALLS HAVE EARS. Las paredes oyen.

WANT IS THE MOTHER OF INDUSTRY. La necesidad hace maestros. El mejor maestro el hambre.

WAR IS DEATH´S FEAST. La guerra es la fiesta de los muertos. La guerra mil males engendra.

WAR IS SWEET TO THEM THAT KNOW IT NOT. El que no sabe de guerra, dice bien de ella.

WAR, HUNTING, AND LOVE, ARE AS FULL OF TROUBLE AS PLEASURE. Guerra, caza y amores, por un placer mil dolores.

WAR MAKES THIEVES AND PEACE HANGS THEM. La guerra hace los ladrones y la paz los ahorca.

WARS BRING SCARS. La guerra, todo lo malo trae, y todo lo bueno se lo lleva.

WASTE NOT, WANT NOT. Guardar para cuando no hay.

WATER IS A BOOM IN THE DESERT, BUT THE DROWNING MAN CURSES IT. Dios da nueces a quien no tiene dientes.

WE ARE ALL ADAM'S CHILDREN. Los más ganados y los más perdidos, de un solo primer padre somos venidos.

WE MAY GIVE ADVICE, BUT WE CANNOT GIVE CONDUCT. No es lo mismo predicar que dar trigo.

WE MAY NOT EXPECT A GOOD WHELP FROM AN ILL DOG. De tal cuervo, tal huevo.

WE MUST EAT A PECK OF DIRT BEFORE WE DIE. En este mundo hay que comer mucha carne de burro.

WE MUST LIVE BY HE LIVING, NOT BY THE DEAD. El muerto, al hoyo; y el vivo; al bollo.

WEAKER GOES TO THE POT, THE. Siempre quiebra la cuerda por lo más delgado.

WEAKEST GOES TO THE WALL, THE. La cuerda se rompe siempre por lo más flojo.

WEDLOCK IS A PADLOCK. El día que me casé, buena cadena me eché.

WEEDS OVERGROW THE CORN, THE. Do hay malo hay bueno, y por un bueno hay ciento malos. Una hierba mala, mata tres buenas y ocupa el sitio de una cuarta.

WEEDS WANT NO SOWING. Hierba mala pronto crece.

WEIGH JUSTLY AND SELL DEARLY. Pesa justo y vende caro.

WELL BEGUN IS HALF DONE. Labor bien empezada, casi mediada.

WELL THRIVES HE WHO GOD LOVES. Al que Dios ha de ayudar, sábele bien hallar.

WHAT CAN YOU EXPECT FROM A HOG BUT A GRUNT. La mona, aunque la vistan de seda, mona se queda.

WHAT CANNOT BE CURED MUST BE ENDURED. A lo hecho, pecho.

WHAT CANNOT GOLD DO. No hay cerradura si es de oro la ganzúa.

WHAT CHILDREN HEAR AT HOME, SOON FLIES ABROAD. Dicen los niños en el portal lo que oyen a sus padres en el hogar. Dicen los niños en el umbral lo que oyen a los padres en el hogar

WHAT COST LITTLE, IS LESS ESTEEMED. Lo que poco cuesta, poco se aprecia.

WHAT HAS BEEN THE FASHION WILL COME INTO FASHION AGAIN. Moda que se va, ya volverá. Aquí donde lo ven, señores, este sombrero ha estado de moda tres veces.

WHAT IS BRED IN THE BONE WILL NEVER COME OUT OF THE FLESH. De tal palo tal astilla. La cabra tira al monte.

WHAT IS DEFERRED IS NOT ABANDONED. Lo diferido, es alejado, pero no es perdido.

WHAT IS DONE CANNOT BE UNDONE. A lo hecho, pecho.

WHAT'S LEARN IN THE CRADLE LAST TILL THE TOMB. Lo que se aprende en la cuna, siempre dura.

WHAT IS SAUCE FOR THE GOOSE IS SAUCE FOR THE GANDER. La ley es la ley para todos.

WHAT IS THE GOOD OF A SUNDIAL IN THE SHADE? No hay que ser muy modesto. A quien se hace cordero, el lobo se lo come.

WHAT MAY BE DONE AT ANY TIME IS DONE AT NO TIME. No dejes para mañana lo que puedas hacer hoy.

WHAT MUST BE MUST BE. Lo que fuere sonará.

WHAT THE CHURCH TAKES NOT, THE EXCHEQUER CARRIES AWAY. Lo que no lleva Cristo, lo lleva el fisco.

WHAT THE EYE DOESN'T SEE THE HEART DOESN'T GRIEVE OVER. Ojos que no ven, corazón que no siente.

WHAT THE FOOL DOES IN THE END, THE WISE MAN DOES AT THE BEGINNING. Lo que hace el necio a la postre, eso hace el sabio al principio.

WHAT THE HEART THINKS THE TONGUE SPEAKS. No dice más la lengua de lo que siente el corazón. De la abundancia del corazón habla la lengua.

WHAT SOBERNESS CONCEALS, DRUNKENNESS REVEALS. Después de beber, cada uno dice su paracer.

WHAT WILL NOT MONEY DO. Dinero en mano, todo es llano.

WHAT YOU DO NOT WISH FOR YOURSELF, DO NOT IMPOSE UPON OTHERS. Lo que no desees para tí mismo, no se lo hagas a otros.

WHAT YOU LOSE ON THE SWINGS YOU GAIN ON THE ROUNDABOUTS. Lo que con unos se pierde, con otros se gana.

WHEN A THING IS DONE, ADVICE COMES TOO LATE. Ya acaecido el hecho, tarde llega el consejo. Consejo tardío, consejo baldío.

WHEN ANGRY, COUNT TEN BEFORE YOU SPEAK; IF VERY ANGRY, ADD HUNDRED. Cuando con ira te sientas, cuenta despacio desde uno hasta cincuenta; y si aún notas en tí mal movimiento, sigue contando hasta ciento.

WHEN FORTUNE SMILES, EMBRACE HER. La ocasión la pintan calva. Al buen día, mét>elo en casa.

WHEN A FRIEND ASKS, THERE IS NO TOMORROW. El amigo que en apuro está, no mañana sino ya.

WHEN GOOD CHEER IS LACKING, OUR FRIENDS WILL BE PACKING. Comida hecha, compañía dashecha.

WHEN GOD WILL, NO WIND BUT BRINGS RAIN. Cuando Dios quiere, con todos aires llueve.

WHEN ONE DOOR SHUTS ANOTHER OPENS. Cuando una puerta se cierra, cientos se abren.

WHEN AN OLD MAN WILL NOT DRINK, GO TO SEE HIM IN ANOTHER WOLRD. Cuando el Viejo no pude beber, la sepultura le pueden hacer.

WHEN IN DOUBT, LEAVE OUT. En la duda, abstente.

WHEN LOVE IS GREATEST, WORDS ARE FEWEST. Dos que se aman con el corazón se hablan.

WHEN THE BELLY IS FULL, THE MIND IS AMONG THE MAIDS. A barriga llena, corazón contento.

WHEN THE CAT IS AWAY, THE MICE WILL PLAY. Cuando el gato no está, los ratones bailan.

WHEN THE DEVIL PRAYS, HE HAS A BOOTY IN HIS EYE. No hace el diablo pastel que no coma de él.

WHEN GREEK MEETS GREEK, THEN COMES THE TUG OF WAR. Juntarse el hambre con las ganas the comer.

WHEN I LENT I HAD A FRIEND; WHEN I ASKED HE WAS UNKIND. El que es tu amigo al prestarle, será tu enemigo al cobrarle. Amigos al prestar, enemigos al cobrar. Al prestar gana enemigos y pierde amigos. Si quieres enemigos, presta dinero al amigo.

WHEN IT PLEASES NOT GOD THE SAINT CAN DO LITTLE. Cuando Dios no quiere, los santos no pueden.

WHEN IN ROME DO AS THE ROMANS DO. Donde fueres, haz como vieres.

WHEN IT THUNDERS, THE THIEF BECOMES HONEST. Acordarse de

Santa Bárbara cuando truena.

WHEN MONEY SPEAKS THE WORLD IS SILENT. Donde el oro habla, la lengua calla. Cuando el dinero habla, todos callan.

WHEN THE FLATTERER PIPES, THE DEVIL DANCES. A persona lisonjera ni oírla siquiera.

WHEN THE FOX PREACHES, THEN BEWARE YOUR GEESE. Cuando la zorra predica, no están seguro los pollos.

WHEN A MAN GROWS ANGRY, HIS REASON RIDES OUT. Hombre enojado, no repara en dieces.

WHEN MEAT IS IN, ANGER IS OUT. El comer todo lo tapa.

WHEN THE MOON IS IN FULL, THEN WIT IS IN THE WANE. Como se muda la luna, el necio se muda.

WHEN THE WORD IS OUT IT BELONGS TO ANOTHER. Palabra echada, mal puede ser retornada.

WHEN TWO FRIENDS HAVE A COMMON PURSE, ONE SIGNS AND THE OTHER WEEPS. Dos amigos de una bolsa, el uno canta y el otro llora.

WHEN WAR BEGINS, THEN HELL OPENS. La guerra asola la tierra.

WHEN THE WELL IS FULL, IT WILL RUN OVER. La última gota es la que colma el vaso.

WHEN THE WINE IS IN, THE TRUTH IS OUT. El vino anda sin calzas.

WHEN YOU ARE AN ANVIL, HOLD YOU STILL; WHEN YOU ARE A HAMMER, STRIKE YOUR FILL. Cuando fueres yunque, sufre como yunque; cuando fueres mazo, hiere como mazo.

WHEN YOU LIVE AMONG WOLVES YOU MUST HOWL LIKE THEM SO THEY WON'T DEVOUR YOU. Cuando se vive entre lobos, hay que aullar como ellos, para que no lo devoren a uno.

WHERE BEES ARE, THERE IS HONEY. Tras el trabajo viene el dinero y el descanso. Trabaja y ganarás.

WHERE COIN IS NOT COMMON, PROVISIONS MUST BE SCANT. Donde no hay harina, todo es mohína.

WHEREVER AN ASS FALLS, THERE WILL HE NEVER FALL AGAIN. Burro que tropieza dos veces en el mismo canto, es burro doblado. Quien en una piedra dos veces tropieza, no es maravilla que se quiebre la cabeza. El hombre es el único animal que tropieza dos veces en la misma piedra.

WHERE OLD AGE IS EVIL, YOUTH CAN LEARN NO GOOD. El viejo desvergonzado hace al niño osado.

WHERE THE CARCASE IS, THERE SHALL BE THE GATHERED TOGETHER. Donde hay burro muerto, no faltan cuervos.

WHERE THE SUN ENTERS, THE DOCTOR DOES NOT. Donde entra el sol no entra el médico.

WHERE THERE ARE WOMEN AND GEESE, THERE WANTS NO

NOISE. Cien damas en un corral, todo es un cantar.

WHERE THERE'S LIFE, THERE'S HOPE. Mientras haya vida, hay esperanza.

WHERE IS NO HONOUR, THERE IS NO GRIEF. Donde no hay honor, no hay dolor.

WHERE IGNORACE IS BLISS, IT IS FOLLY TO BE WISE. Ojos que no ven, corazón que no siente.

WHERE THERE ARE REEDS, THERE IS WATER. Donde hay juncos hay agua junto.

WHERE THERE IS A STORE OF OATMEAL, YOU MAY PUT ENOUGH IN THE CROCK. Quien más tiene, más puede.

WHERE THERE IS A WILL THERE IS A WAY. No falte voluntad, que no faltará lugar. El que quiere, puede. El que la sigue la consigue.

WHERE THERE IS MUCK THERE'S BRASS. No crece el río con agua limpia.

WHERE THERE IS PEACE GOD IS. Donde está la paz, Dios está; donde no, Lucifer y Satanás.

WHETHER THE PITCHER STRIKES THE STONE, OR THE STONE THE PITCHER, IT IS BAD FOR THE PITCHER. Si da el cántaro en la piedra, o la piedra en el cántaro, mal para el cántaro.

WHILE THE THUNDER LASTED, TWO BAD MEN WERE FRIENDS. Acordarse de Santa Bárbara cuando truena. Pasado el tranco, olvidado el santo.

WHILE THERE IS LIFE THERE IS HOPE. Mientras haya vida, hay esperanza. La esperanza es lo último que se pierde.

WHIP FOR A FOOL, AND A ROD FOR A SCHOOL, IS ALWAYS IN GOOD SEASON, A. No hay razón como la del bastón.

WHO CHATTERS TO YOU, WILL CHATTER OF YOU. Quien te cuenta las faltas de otro, las tuyas tiene al ojo.

WHO EATS HIS COCK ALONE, MUST SADDLE HIS HORSE ALONE. Quien solo come un gallo, solo ensilla su caballo.

WHO GOES A BEAST TO ROME, A BEAST RETURNS. Quien bestia va a Roma, bestia retorna.

WHO GREASES HIS WAY TRAVELS EASILY. Cuando en el camino hay barro, untar el carro.

WHO HAS A FAIR WIFE NEEDS MORE THAN TWO EYES. Dificultosamente se guarda a lo que a muchos agrada. La mujer guapa no está segura ni en casa.

WHO HAS SKIRTS OF STRAW, NEEDS FEAR THE FIRE. Quien tiene el rabo de paja, hacia atrás mira y cata que pasa, no sea llama.

WHO HATH A GOOD TRADE, THROUGH ALL WATERS MAY WADE. El buen piloto, en todas aguas sabe navegar.

WHO IS IN FAULT SUSPECTS EVERYBODY. Piensa el ladrón que todos son de su condición.

WHO KEEPS COMPANY WITH HE WOLF WILL LEARN TO HOWL. Quien con lobos anda, a aullar se enseña. Quien con lobos anda, al año aulla.

WHO LEAVES THE OLD WAY FOR THE NEW, WILL FIND HIMSELF DECEIVED. Dejar lo usado es cosa fuerte, que mudar costumbre a par de muerte.

WHO LOSES HIS LIBERTY LOSES ALL. El buey suelto bien se lame.

WHO MARRIES FOR LOVE WITHOUT MONEY, HAS GOOD NIGHTS AND SORRY DAYS. Quien se casa por amores, ha de vivir con dolores.

WHO MORE THAN HE IS WORTH DOES SPEND, HE MAKES A ROPE HIS LIFE TO END. A pobre viene quien gasta más de lo que tiene.

WHO RECEIVES A GIFT, SELLS HIS LIBERTY. Quien te regala, te compra. Quien toma un presente, su libertad vende.

WHO REMOVE STONES, BRUISE THEIR FINGERS. Quien muchas piedras mueve, en alguna se hiere.

WHO REPAIRS NOT HIS GUTTERS REPAIRS THE WHOLE HOUSE. El que no acude a las goteras tiene que acudir a la casa entera. Quien no quita gotera, hace casa entera.

WHO SO LEARNS YOUNG, FORGETS NOT WHEN HE IS OLD. Lo que se aprende en la cuna, siempre dura. Lo que en la leche se mama, en la mortaja se derrama. Lo que en el capillo se toma y pega, con la mortaja se deja.

WHO SPITS AGAINST THE WIND, IT FALLS IN HIS FACE. Quien al cielo escupe, en la cara le cae.

WHO SUFFERS MUCH IS SILENT. Quien sufrió, calló, y lo que quiso vio.

WHO TAKES A LION WHEN HE IS ABSENT, FEARS A MOUSE PRESENT. Siempre quien toma un león en ausencia verás que teme a un topo en presencia.

WHO WILL NOT KEEP A PENNY, NEVER SHALL HAVE MANY. A quien sabe guardar una peseta, nunca la falta un duro.

WHOM A SERPENT HAS BITTEN, A LIZARD ALARMS. Quien del alacrán está picado, de la sombra se espanta.

WHOM THE GODS LOVE DIES YOUNG. A quien Dios ama, Dios le llama.

WHOSE WILL DWELL IN COURT MUST NEEDS CURRY FAVOUR. Venga a nos el tu reino, y tu voluntad haremos.

WIFE IS THE KEY OF THE HOUSE, THE. Quien tiene mujer, tiene lo que ha menester.

WIN A GOOD REPUTATION AND SLEEP AT YOUR EASE. Cobra buena fama y échate a dormir, cóbrala mala y échate a morir.

WIN A GOOD REPUTATION AND SLEEP AT YOUR EASE. Cobra fama y échate a dormir.

WIN YOUR LAWSUIT AND LOSE YOUR MONEY. Gané mis pleitos, pero aun así, mírame en cueros. El litigio sólo beneficia a los que no litigan.

WINDY AND A RAINY APRIL MAKE A BEAUTIFUL MAY, A. Marzo ventoso y abril lluvioso, hacen el año fecundo y hermoso.

WINE IS OLD MEN´S MILK. El vino es la teta del viejo. El vino es la leche de los viejos.

WINE MAKES ALL SORT OF CREATURES AT TABLE. La alegría del vino hace rey al mendigo.

WINE WEARS NO BREACHES. El vino anda sin bragas.

WISDOM IS NEITHER INHERITANCE NO LEGACY. Nadie es sabio por lo que supo su padre.

WISE MAN COMMONLY HAS FOOLISH CHILDREN, A. De padres sabios, hijos tontos.

WISE MAN MAY SOMETIMES PLAY THE FOOL, A. A veces el sabio se hace el loco, y aun lo es un poco.

WISE SEEK WISDOM, A FOOL HAS FOUND IT, THE. El que no duda, no sabe cosa alguna.

WITHOUT BEING BUSY, DEBAUCHERY. Acude a tu oficio; que todo lo demás es vicio.

WHO HAS A WOMAN HAS AN EEL BY THE TAIL. Quien prende la anguila por la cola y la mujer por la palabra, bien puede decir que no tiene nada.

WOLF MAY LOSE HIS TEETH, BUT NEVER HIS NATURE, THE. El lobo muda de pelo, mas no de celo. La zorra mudará los dientes, mas no las mientes. El pelo muda la raposa, mas el natural no despoja.

WOLF MUST DIE IN HIS OWN SKIN, THE. Genio y figura, hasta la sepultura.

WOMAN AND A CHERRY ARE PAINTED FOR THEIR OWN HARM, A. Da Dios alas a la hormiga, para que se pierda de prisa.

WOMAN CONCEALS WHAT SHE KNOWS NOT, A. La mujer y el niño sólo callan lo que no han sabido.

WOMAN, A DOG, AND A WALT - NUT - TREE; THE MORE YOU BEAT THEM THE BETTER THEY ARE, A. La nuez y la mujer a golpes se ha de vencer.

WOMAN IS FLAX, MAN IS FIRE, THE DEVIL COMES AND BLOWS THE BELLOWS. El hombre es fuego y la mujer estopa; viene el diablo y sopla.

WOMAN AND A GLASS ARE EVER IN DANGER, A. La mujer y el vidrio siempre están en peligro.

WOMAN GUARD YOURSELF AND THE GOOD ONE NEVER TRUST, FROM THE EVIL. De la mala mujer te guardas, y de la buena no te fíes nada.

WOMAN EITHER LOVES OR HATES IN EXTREMES, A. En todas las

cosas hay medio sino en la mujer, porque es extremada en querer y aborrecer.

WOMAN KISSED IS HALF WON, A. Boca besada, mujer entregada.

WOMAN IS A WEATHERCOCK, A. No creas a hembra ninguna, que tan presto se mudan como la luna.

WOMAN THAT MARRIES MANY IS DISLIKED BY MANY, A. La mujer que con muchos casa, a pocos agrada.

WOMAN'S ADVICE IS NO GREAT THING, BUT HE WHO WON'T TAKE IT IS A FOOL. El consejo de la mujer es poco y el que no lo toma es loco,

WOMAN'S MIND AND A WINTER WIND CHANGE OFTEN, A. Mujer, viento, tiempo y fortuna, presto muda.

WOMAN'S PLACE IS IN THE HOUSE, A. El hombre en la plaza, y la mujer en casa.

WOMAN'S SWORD IS HER TONGUE, AND SHE DOES NOT LET IT RUST, A. La lengua es la espada de las mujeres; por eso nunca la dejan que críe moho.

WOMAN'S TONGUE WAGS LIKE A LAMB'S TAIL. Antes faltará al ruiseñor que cantar que a la mujer que parlar.

WOMAN'S WORK IS NEVER DONE, A. Marido, ¿Queréis algo, que me quiero levantar?

WOMEN ARE AS WAVERING AS HE WIND. Cada día se muda el viento, y la mujer, a cada momento.

WOMEN ARE LIKE WASPS IN THEIR ANGER. Ira de mujer, trueno y rayo es.

WOMEN HAVE LONG HAIR AND SHORT BRAINS. La mujer tiene largo el cabello y corto el entendimiento.

WOMEN ARE NECESSARY EVILS. La mujer es un mal necesario.

WOMEN ARE SAINTS IN CHURCH, ANGELS IN THE STREET, AND DEVILS AT HOME. La mujer en la iglesia, santa; en la calle, honesta; en su casa, señora; en el campo, cabra.

WOMEN WILL HAVE THEIR WILLS. Lo que quiere la mujer, eso ha de ser. Por fas o por nefas, la mujer siempre se sale con ella.

WOMEN'S INSTINCT IS OFTEN TRUER THAN MEN'S REASONING. Al caso repentino, el consejo de la mujer; y al de pensado, el del más barbado.

WOMEN LAUGH WHEN THEY CAN, AND WEEP WHEN THEY WILL. Lloro de hembra no te mueva, que lloro y risa presto lo engendra.

WOMEN RESIST IN ORDER TO BE CONQUERED. Las damas quieren ser rogadas, no enseñadas.

WOMEN AND WINE, GAME AND DECEIT, MAKE THE WEALTH SMALL, AND THE WANTS GREAT. El juego, la mujer y el vino, sacan al hombre de tino.

WORD BEFORE IS WORTH TWO BEHIND, A. Antes dí que digan.

WORD AND A STONE LET GO CANNOT BE CALLED BACK, A. Palabra y piedra suelta, no tiene vuelta.

WORD SPOKEN IS PAST RECALLING, A. Palabra echada, mal puede ser retornada.

WORD TO THE WISE IS ENOUGH, A. A buen entendedor, pocas palabras bastan.

WORDS BIND MEN. Al hombre por la palabra y al buey por el cuerno ata.

WORDS CUT MORE THAN SWORDS. Sanan cuchilladas y no malas palabras.

WORDS AND FEATHERS THE WIND CARRIES AWAY. Palabras y plumas, el viento las lleva.

WORDS FLY, WRITINGS REMAIN. Las palabras se las lleva el viento, los escritos quedan.

WORDS HAVE WINGS, AND CANNOT BE RECALLED. Palabra y piedra suelta no tiene vuelta.

WORKMAN IS KNOWN BY HIS WORK, A. Obra bien terminada a su autor alaba.

WORSE THINGS HAPPEN AT SEA. Más se perdió en Cuba.

WOULD YOU KNOW WHAT MONEY IS, GO BORROW SOME. Si quieres saber lo que vale el dinero, tómalo a premio.

WOUNDED REPUTATION IS SELDOM CURED, A. La buena fama es como el ciprés, que si una vez quiebra no reverdece después.

# Y

YOU CAN DRIVE OUT NATURE WITH A PITCHFORK, BUT SHE KEEPS ON COMING BACK. Lo que la naturaleza da, nadie lo borrará.

YOU CAN SEE A MOTE IN ANOTHER'S EYE BUT CANNOT SEE A BEAM IN YOUR OWN. Ver la mota en el ojo ajeno, y no la viga en el nuestro.

YOU CAN TAKE A HORSE TO THE WATER, BUT YOU CAN'T MAKE IT DRINK. Treinta monjes y un abad no pueden, hacer cargar a un asno contra su voluntad. Se puede llevar el caballo al abrevadero, pero no obligarlo a beber.

YOU CANNOT BURN AT BOTH ENDS. No se puede nadar y guardar la ropa. No se puede repicar y andar en la procesión. Soplar y sorber no puede ser.

YOU CANNOT HAVE IT BOTH WAYS. No se puede nadar y guardar la ropa. No se puede repicar y andar en la procesión. No se puede hacer a la par sorber y soplar. No se puede estar al plato y a las tajadas. No puede todo ser: dormir y guardar las eras.

YOU CANNOT HAVE YOUR CAKE AND EAT IT. No se puede repicar y andar en la profesión. No se puede nadar y guardar la ropa.

YOU CAN' T CATCH OLD BIRDS WITH CHAFF. Pájaro viejo no entra en jaula.

YOU CANNOT LOSE WHAT YOU NEVER HAD. Nadie pierde sino el que tiene.

YOU CAN'T KILL A BAD THING. Hierba mala nunca muere.

YOU CANNOT KNOW THE WINE BY THE BARREL. Muchas veces no son las cosas lo que parecen.

YOU CAN'T MAKE BRICKS WITHOUT STRAW. Con nada no se hacen las portas.

YOU CAN'T MAKE AN OMELET WITHOUT BREAKING EGGS. Hay que romper el huevo antes de hacer la tortilla.

YOU CAN'T MAKE A SILK PURSE OUT OF A SOW'S EAR. La mona, aunque la vistan de seda, mona se queda.

YOU CAN'T PLEASE EVERYONE. No se puede agradar a todo el mundo.

YOU CAN' T PUT NEW WINE INTO OLD BOTTLES. No se puede echar el vino nuevo en cueros viejos.

YOU CAN'T RUN TWO HORSES AT ONCE. No se puede repicar y andar en la procesión. No se puede nadar y guardar la ropa. Querer hablar por teléfono, comer pipas y conducir. Todo al mismo tiempo.

YOU CANNOT RUN WITH THE HARE AND HUNT WITH THE HOUNDS. Quien a muchos amos sirve, a algunos ha de hacer falta. Nadie puede servir a dos amos y contentarlos a entrambos. No se puede servir a dos señores a un tiempo y tener a cada uno contento.

YOU CAN'T SELL THE COW AND SUP THE MILK. Soplar y sorber no puede ser. No se puede repicar y andar en la procesión. No se puede nadar y guardar la ropa.

YOU CAN'T TEACH AN OLD DOG NEW TRICKS. Loro viejo no aprende a hablar.

YOU CANNOT MAKE A CRAB WALK STRAIGHT. El pelo muda la raposa, mas el natural no despoja. El lobo muda de pelo, pero no de celo.

YOU CANNOT RUN WITH THE HARE AND HUNT WITH THE HOUNDS. No se puede nadar y guardar la ropa. No se pude repicar y andar en la procesión. Soplar y sorber no puede ser.

YOU CANNOT SELL THE COW AND DRINK THE MILK. No se puede nadar y guardar la ropa. No se puede repicar y andar en la procesión. Soplar y sorber no puede ser.

YOU CANNOT SERVE GOD AND MAMMON. No se puede servir a Dios y a las riquezas. No se puede nadar y guardar la ropa. No se puede repicar y andar en la procesión. Soplar y sorber no puede ser.

YOU DON'T GET SOMETHING FOR NOTHING. En esta vida caduca, el que no trabaja, no manduca.

YOU HAVE GOT TO BE CRUEL TO BE KIND. Quien bien te quiere, te hará llorar.

YOU MAY KNOW BY A HANDFUL THE WHOLE SACK. Para muestra un botón basta.

YOU MUST GRIN AND BEAR IT. Al mal tiempo buena cara.

YOU MUST LOSE A FLY TO CATCH A TROUT. No es mucho perder un boquerón, para pescar un salmón.

YOU SCRATCH MY BACK AND I WILL SCRATCH YOURS. Favor con favor se paga.

YOUNG MEN MAY DIE, BUT OLD MUST DIE. Para enfermedad de años, no hay medicina.

YOUNG PHYSICIAN FATTENS THE CHURCHYARD, A. Todo médico nuevo hincha el cementerio.

YOUR SECRET IS YOUR PRISONER; IF YOU LET IT GO, YOU ARE A PRISONER OF IT. Quien dice su secreto, de libre que era se hace siervo,

# BIBLIOGRAFIA

BERGUA. JOSE. Refranero español. Colección Tesoro literario. 1998.

CAMPOS. J. G. BARELLA. A. Diccionario de refranes. Espasa. 1993.

CANDET. YARZA. F. Refranes. Colección Cosmos. 1998.

CANELLADA. M. JOSEFA. PALLARES. BERTA. Refranero español. Castalia. 2001.

DIAZ. JOAQUIN. Refranero del ahorro. Castilla ediciones. Raices. 2000.

FLAVEL. LINDA. And ROGER. Dictionary of proverbs and their origins. KYLE. CATHIE. Ltd. 2201.

GONZALEZ. JOSE LUIS. Dichos populares y proverbios. Cultura y letras. Edimat libros.

Gran Diccionario de Refranes. Larousse. 2001.

JUNCEDA. LUIS. Diccionario de refranes, dichos y proverbios. Espasa. 1998.

MARTINEZ. KLEISER. LUIS. Refranero general ideológico español. Editorial hernando.

MIRANDA. MAR. Refranes y dichos de los árboles. Imprenta Roal. S. L. 2201.

Oxford. Concise dictionary of proverbs. 1998.

PICKERING. DAVID. Cassell's dictionary of proverbs. 2001.

Refranero Temático. Cultura y Letras. Edimat libros.

RIDOUT. RONALD. And WITTING. CLIFFORD. English proverbs explained. Pan books. 1973.

RUIZ. CIRIACO. Diccionario ejemplificado de argot. Ediciones Península. Cilus. Barcelona. 2001.

FERGUSSON. ROSALIND. The Penguin dictionary of proverbs. 2000.

The Wordsworth Dictionary of Proverbs. 1993.

16798470R10059

Printed in Great Britain
by Amazon